FUTURO SUSTENTÁVEL

**FUNDAÇÃO
LUSO-AMERICANA**

Patrocinador:

Coordenação Editorial:

ALMEDINA

FUTURO SUSTENTÁVEL:
uma nova economia para combater a
Pobreza e valorizar a Biodiversidade

FUNDAÇÃO
LUSO-AMERICANA
Patrocinador:

SUSTENTARE   Im))pactus

Coordenação Editorial:

FUTURO SUSTENTÁVEL: Uma nova economia
para combater a Pobreza e valorizar a Biodiversidade

DISTRIBUIÇÃO
EDIÇÕES ALMEDINA, S.A
Rua Fernandes Tomás, 76 a 80
3000-167 Coimbra

COORDENAÇÃO EDITORIAL
Rita Almeida Dias e Sofia Santos

TRADUÇÃO
João Inácio

REVISÃO
Ana Lúcia Costa

PAGINAÇÃO | DESIGN
Rita Botelho

IMPRESSÃO | ACABAMENTO
Papelmunde, SMG, Lda.

Abril 2011

EXEMPLARES
500

ISBN
978-972-40-4537-5

DEPÓSITO LEGAL
327018/11

Os dados e as opiniões inseridos na presente publicação são da
exclusiva responsabilidade do(s) seu(s) autor(es).

Toda a reprodução desta obra, por fotocópia ou outro qualquer
processo, sem prévia autorização escrita do Editor, é ilícita e
passível de procedimento judicial contra infrator.

Informações adicionais:
www.sustentare.pt | www.impactus.org
geral@sustentare.pt

Índice

PREFÁCIO *por Charles Buchanan* .... P. 7

CAP. I - POBREZA E BIODIVERSIDADE NA ECONOMIA DO SÉCULO XXI

As Nações Unidas e o papel da biodiversidade nas economias dos países em desenvolvimento: trabalhos em curso e desafios futuros *por Ahmed Djoghlaf* .... P. 13

Os grandes desafios ambientais das economias ocidentais - proposta de caminhos a seguir *por Francisco Ferreira* .... P. 21

Biodiversidade e Pobreza *por Hardy Jones* .... P. 29

Economia solidária no Brasil: uma estratégia para a sustentabilidade e a solidariedade *por Roberto Marinho Alves da Silva & Andrea Cristina Fonseca* .... P. 33

A dicotomia entre o social e o ambiental! O que deve ter um peso maior na RSE? As pessoas ou o ambiente? *por Michael Hopkins* .... P. 43

Vencer as crises: Cinco desafios centrais para o desenvolvimento sustentável das empresas *por Viriato Soromenho-Marques* .... P. 53

A Empresa e a Biodiversidade: Os Novos Desafios do Século XXI *por Francisco Mendes Palma & Luís Ribeiro Rosa* .... P. 59

Os Bancos como Promotores de Bem-Estar Social e Ambiental *por Sofia Santos* .... P. 69

O Homem na Natureza – Novas propostas éticas para um desenvolvimento mais sustentável *por Rita Almeida Dias* .... P. 79

CAP. II - POBREZA E BIODIVERSIDADE, UMA VISÃO NACIONAL

Reflexão sobre o combate à pobreza em Portugal *por Edmundo Martinho* .... P. 89

Empregos Verdes e Agenda do Trabalho Digno *por Mafalda Troncho* .... P. 99

Existe uma pobreza no feminino? Uma reflexão sobre indicadores de pobreza numa perspetiva de género *por José António Pereirinha* .... P. 109

Pobreza Infantil *por Madalena Marçal Grilo* .... P. 121

BIOGRAFIA DOS AUTORES .... P. 125

Prefácio

Charles Buchanan
Administrador da Fundação Luso-Americana para o Desenvolvimento em Lisboa

A Fundação Luso-Americana está orgulhosa por mais uma vez apoiar a Sustentare neste novo livro intitulado "FUTURO SUSTENTÁVEL: Uma nova economia para combater a Pobreza e valorizar a Biodiversidade". Temos apoiado várias publicações anteriores desenvolvidas pela Sustentare, em temas tão relevantes como sustentabilidade, finança ética e consumo sustentável, e que constituem temas fundamentais para a construção de uma economia sólida e justa.

Este livro analisa e discute alguns dos mal-entendidos que persistem entre a biodiversidade, em países desenvolvidos e em vias de desenvolvimento, e a sua relação com a redução da pobreza e a melhoria dos meios de subsistência tanto para os pobres como para os ricos. Os vários artigos deste livro abordam um dos aspetos mais urgentes da sustentabilidade global, mas também pior compreendido pelo público em geral e, especialmente, a nível político. Esta falta de compreensão dos decisores públicos é particularmente perturbante, uma vez que tantas decisões de investimento e de regulamentação são realizadas por oficiais públicos, com consequências reais negativas na saúde da biodiversidade, flora e fauna, mas que são ignoradas por esses representantes do poder público.

A ligação entre a redução da pobreza e a biodiversidade é geralmente citada no contexto dos países em desenvolvimento onde a vida selvagem providencia comida e materiais, e as florestas disponibilizam lenha e materiais para a construção. Na realidade, a biodiversidade tem sido abusada nesses países através de uma sobre-exploração dos recursos, estando muitas espécies a desaparecer a taxas nunca antes vistas. Este

livro discute também as situações precárias de alguns países em desenvolvimento, como por exemplo África, e situações preocupantes em certos habitats como é o caso dos oceanos.

Existe também nos países desenvolvidos, como Portugal, uma situação crítica onde a importância da biodiversidade é pouco compreendida, sendo uma preocupação menor para os líderes políticos, com algumas exceções importantes. Na realidade, Portugal arrisca-se a perder a sua biodiversidade - como por exemplo as árvores, habitats, zonas húmidas do estuário, animais e flores, etc. – aos poucos. A biodiversidade toma diferentes formas nos países desenvolvidos e é essencial para manter um conjunto de "coisas" que todos nós damos como adquiridas como o ar puro, a existência de água e a sua utilização para a limpeza de resíduos nos centros urbanos, sendo também fundamental para o sucesso de certo setores económicos que assentam no ecoturismo, na floresta e nas indústrias florestais.

A perda de biodiversidade deveria ser uma preocupação fundamental do público em geral. A sociedade civil - representada pelas universidades, empresas privada e ONG - deveria prestar maior atenção a este tema e comunicar as suas preocupações aos governantes e oficiais públicos que têm a responsabilidade de tomar decisões nestas matérias.

Existe um lado ainda mais perturbador para esta discussão, uma vez que setenta por cento do mundo mais pobre vive em áreas rurais e depende diretamente da biodiversidade para a sua sobrevivência e bem-estar. Esta situação implica um enorme impacto no número de espécies, fauna e flora, que serão destruídas se os seus caçadores não forem treinados corretamente e inteligentemente apoiados por programas governamentais para substituir as espécies quando as florestas são destruídas; diminuírem o processo de caça de animais selvagens ou se, de forma global, se continuar a ignorar a diminuição dos *stocks* de pesca. Naturalmente que tudo isto representa um grande desafio na educação para os governantes e autoridades municipais, e requer um verdadeiro desafio político para manter o balanço entre a vida selvagem, florestas e a exploração humana.

Apesar do facto de que assegurando a sustentabilidade existirão *payoffs* positivos para o desenvolvimento e para a redução da pobreza, as ligações entre a biodiversidade, redução da pobreza e desenvolvimento económico são muitas vezes negligenciadas ou minimizadas.
Em muitos casos, em países desenvolvidos, como Portugal ou outros, objetivos de "conservação" são vistos como distintos e muitas vezes até de conflito com os objetivos de "desenvolvimento". Por isso, muitas vezes parece existir como que um *trade-off* separado entre investir em biodiversidade ou investir na redução da pobreza, ou no suporte de novas infraestruturas, ou em estradas, ou em turismo costeiro, ou em investimentos pesqueiros, ou em lazer e desporto, ou em golfe e canoagem, etc. O que significa que, na prática, a biodiversidade geralmente é o grande perdedor.

Nos países desenvolvidos, o *trade-off* é ainda mais brutal, sendo os argumentos a favor da proteção da biodiversidade de pouca consequência, particularmente em casos como a expansão urbana, rural, projetos de turismo costeiros e autoestradas, os quais são vistos como justificativos económicos, sendo completamente ignorado o valor económico que as componentes de biodiversidade podem trazer para a economia. Há uma evidente urgência em informar o público em geral e particularmente os políticos de topo acerca desta relação.

É uma prioridade educar as crianças na escola uma vez que serão elas as responsáveis pelo estado futuro da biodiversidade. Mas igualmente importante é a necessidade de termos as ONG a falar sobre o assunto, a monitorizar as ações que são realizados, e a denunciar publicamente situações de abuso sempre que seja necessário. As ONG são a linha de defesa da sociedade civil e devem ser bastante fortes em competências humanas e financeiramente capazes de lutar de forma séria e coerente. Para garantir que as ONG possam atuar de forma esperada, muitas vezes exigem programas especiais de apoio financeiro por parte dos governos ou municípios ou ainda de fundações filantrópicas de forma a reforçar as ONG a ficarem mais vigilantes e a realizarem as análises técnicas necessárias para levar os casos a tribunal, os casos que assim se justificam.

Este é um livro importante sobre um assunto importante, e deve ser lido amplamente pelos cidadãos interessados. Acredito que a qualidade deste livro, e dos anteriores livros da Sustentare sobre questões de Sustentabilidade, demonstra o compromisso em contribuir ativamente para novo um modelo de desenvolvimento, por parte dos executivos de topo da Sustentare, Sofia Santos e Rita Almeida Dias, que temos o prazer de conhecer e com quem temos tido o privilégio de trabalhar em conjunto.

Charles Buchanan
Administrador da Fundação Luso-Americana em Lisboa.

Pobreza e Biodiversidade na Economia do Século XXI

CAP. 1

As Nações Unidas e o papel da biodiversidade nas economias dos países em desenvolvimento: trabalhos em curso e desafios futuros

Ahmed Djoghlaf
Secretário Executivo da Convenção sobre a Biodiversidade

Não será exagero afirmar que o nosso modo de vida não seria, pura e simplesmente, possível sem a fonte de riqueza que é a vida na Terra. Para além de muitos de nós recorrermos à natureza com o intuito de obter satisfação espiritual e estética, cada um de nós está também dependente da biodiversidade para satisfazer necessidades vitais. Os nossos alimentos, combustíveis e medicamentos, e a grande parte da nossa roupa e dos materiais de construção têm uma origem biológica. Os produtos biológicos servem de base às mais diversas indústrias, tais como a farmacêutica, a agricultura, a cosmética, a pasta e papel, a horticultura e a construção.

Mas, para além disso, os ecossistemas fornecem aos seres humanos inúmeros serviços que seriam extremamente dispendiosos ou impossíveis de substituir. A lista é extensa e inclui a purificação do ar e da água, a desintoxicação e decomposição dos resíduos, a estabilização e a moderação do clima do nosso planeta, a moderação das inundações, das secas, das temperaturas extremas e da intensidade dos ventos, a produção e renovação da fertilidade do solo, o ciclo dos nutrientes, a polinização de plantas silvestres, e o controlo de pestes e doenças.

Foi este o motivo que levou os líderes mundiais, presentes na Cimeira Mundial de Joanesburgo sobre Desenvolvimento Sustentável, a decidir redefinir a forma como vivemos no planeta, através da celebração de um acordo para a redução significativa do ritmo de perda de biodiversidade a nível mundial até 2010, contribuindo, assim, para o combate à pobreza e beneficiando toda a vida na Terra. No entanto, a terceira edição do *Global Biodiversity Outlook* (GBO3) revela que a meta de biodiversidade estabelecida para 2010 não foi alcançada[i].

---
[i] Secretariado da Convenção sobre a Diversidade Biológica, 2010, *Global Biodiversity Outlook 3*, Montreal.

Após análise de toda a informação disponível, incluindo os relatórios nacionais de 120 Partes na Convenção sobre a Diversidade Biológica e literatura científica, o GBO3 conclui que a biodiversidade continua a desaparecer a um ritmo sem precedentes – cerca de mil vezes mais rápido que o ritmo natural de extinção.

O GBO3 revela ainda que os cinco principais fatores de perda da biodiversidade – a perda de habitat, a utilização insustentável ou sobre-exploração de recursos, as mudanças climáticas, a propagação de espécies invasoras, e a poluição – não só se mantiveram constantes na última década, como em alguns casos se intensificaram. O relatório alerta para a previsão de uma grande perda de biodiversidade antes do final deste século e, ainda, para o facto de que os ecossistemas se aproximam de pontos de rutura a partir dos quais a degradação será irreversível, e com consequências terríveis para o bem-estar da Humanidade.

Infelizmente, serão os mais pobres a suportar o impacto imediato da perda de biodiversidade. Estima-se que 1,6 mil milhões de pessoas a nível mundial, a maioria pobres, dependam da biodiversidade florestal, incluindo de produtos não-florestais, para a sua sobrevivência e subsistência[ii]. E, no entanto, todos os anos são destruídos 13 milhões de hectares das florestas mundiais, devido à desflorestação[iii]. Mil milhões de pessoas dependem do consumo de peixe, dado que esta é a sua única, ou principal, fonte de proteínas de origem animal, mas o pescado proporciona também a mais de 2,6 mil milhões de pessoas, pelo menos, 20 por cento do seu consumo médio *per capita* de proteínas de origem animal[iv]. E, no entanto, 80 por cento das unidades populacionais mundiais de peixe marinho analisadas estão completamente exploradas ou sobre-exploradas.[v] Cerca de 30 milhões de pessoas, das comunidades costeiras e continentais mais pobres e vulneráveis, dependem dos recifes de coral para a sua subsistência[vi]. No entanto, 60 por cento dos recifes de coral poder-se-ão perder até 2030 devido aos danos provocados pela pesca, poluição, doenças, propagação de espécies invasoras e branqueamento do coral.[vii]

Globalmente, estima-se que 70 por cento das pessoas mais pobres do planeta vivam em zonas rurais e dependam diretamente dos ecossistemas e da biodiversidade locais para a sua sobrevivência e bem-estar diários.[viii] E, no entanto, a biodiversidade é muito raramente incluída nas perspetivas económicas das nações, porque é maioritariamente um bem público e não tem um impacto nos mercados económicos formais. Enquanto indicadores de base, tais como taxa de emprego, produto interno bruto (PIB) e inflação enviam mensagens claras e servem de base às escolhas e políticas, a contribuição da biodiversidade para a subsistência, emprego e saúde humana está longe de ser reconhecida pelo seu justo valor.

[ii] Nações Unidas, 2009, *Relatório sobre os Objetivos de Desenvolvimento do Milénio de 2009*, disponível em http://www.un.org/millenniumgoals/pdf/MDG_Report_2009_ENG.pdf.
[iii] Ibid.
[iv] Organização para a Alimentação e a Agricultura, 2007, *The State of World Fisheries and Aquaculture*, Roma.
[v] Ibid.
[vi] Braat, L e Ten Brink, P. (eds.), 2008, *Cost of Policy Inaction: the case of not meeting the 2010 biodiversity target*, Bruxelas: Wageningen.
[vii] Ibid.
[viii] Livestock and Wildlife Advisory Group, 2002. *Wildlife and Poverty Study, Department for International Development (DFID)*, UK.

Para além disso, os custos da perda ou degradação do "Capital Natural" são sentidos ao nível micro, mas são apenas notados pelos decisores políticos após uma excessiva espera, demorando ainda mais tempo a elaborar respostas. Os valores económicos e monetários convencionais disponibilizam indicadores rudimentares e limitados do bem-estar humano, dado que muitas pessoas e comunidades funcionam em sistemas informais, que se encontram fora do regular contexto económico.

Um exemplo disto é o cálculo do PIB, utilizado habitualmente para medir a riqueza económica dos países. O estudo *The Economics of Ecosystems and Biodiversity* (TEEB) refere que cerca de 480 milhões de pessoas, na Índia, devem a sua subsistência às pequenas explorações agrícolas, à pecuária, à silvicultura informal, à pesca e a outras atividades semelhantes. Em termos coletivos, referimo-nos a estes setores de pequena escala ou informais como o "PIB dos pobres", sendo os setores de base de onde provêm a subsistência e emprego da maioria dos pobres dos países em desenvolvimento. Quando comparada com o PIB convencional, a contribuição dos serviços dos ecossistemas atinge os 7 por cento. Todavia, se apenas o "PIB dos pobres" for considerado, a contribuição dos serviços dos ecossistemas sobe para os 57 por cento.

Assim, a biodiversidade deve não só ser considerada como um elemento estático que deve ser mantido e protegido, como também servir de base produtiva para promover o desenvolvimento. De facto, a condição e a gestão dos ecossistemas em todas as regiões são fatores dominantes que afetam a probabilidade de sucesso do combate à pobreza e da promoção do desenvolvimento humano. Tal como afirmou Gro Harlem Brundtland: "Não é possível encontrar uma solução para a fome, a doença e a pobreza, a não ser que se proporcione também às pessoas um ecossistema saudável em que as suas economias possam prosperar."

Existem muitos estudos de caso que o confirmam. Na Namíbia, as áreas protegidas contribuem em 6 por cento para o PIB, e apenas através do turismo, sendo que os proveitos da Namíbia resultantes de ações de conservação da natureza perfazem 4,1 milhões de dólares por ano. [ix]

No Botswana, as zonas húmidas do Delta do Okavango geram 32 milhões de dólares anuais para os agregados familiares locais através do turismo, com uma produção económica total de 2,6 por cento do PIB do Botswana.[x]

Podemos encontrar estatísticas semelhantes na Ásia. No Sri Lanka, os benefícios para a pesca, resultantes do ecossistema da lagoa/mangal de Rekawa, foram estimados em 268 dólares

---

[ix] Turpie et al, 2004, *Economic Analysis and Feasibility Study for Financing Namibia's Protected Areas.* PNUD-PNUMA Iniciativa Pobreza e Meio Ambiente, 2009, Mainstreaming Poverty-Environment Linkages into Development Planning: A handbook for practitioners, disponível em: http://www.unpei.org/PDF/PEI-full-handbook.pdf.
[x] Mayers, J. e Vermeulen, S., 2002, *Power from the Trees: How good forest governance can help reduce poverty,* disponível em http://www.iied.org/pubs/pdfs/11027IIED.pdf.
[xi] Gunawardena, M. e Rowan, J.S., 2005, *Economic valuation of a mangrove ecosystem threatened by shrimp aquaculture in Sri Lanka,* Environmental Management 36(4): 535-550.

anuais por hectare ou 53,600 dólares anuais para a indústria da pesca lacustre, e 493 dólares anuais por hectare ou 98,600 dólares anuais para a pesca costeira[xi].

Na Indonésia, o valor económico total do ecossistema do Parque Nacional Leuser, na ilha de Samatra, foi estimado em 7 mil milhões de dólares em caso de desflorestação para outras utilizações, e em 9, 5 mil milhões se fosse gerido para conservação, com benefícios resultantes do constante fornecimento de água, da prevenção de cheias, do turismo e da agricultura[xii].

Na Malásia, uma floresta de mangue com 400 Km² e sob gestão, em Matang, permite a pesca num valor estimado em 100 milhões de dólares anuais[xiii].

Estudos de caso provenientes do continente americano deram origem aos mesmos resultados. Os animais e insetos que habitam as florestas perto de uma quinta de produção de café na Costa Rica proporcionaram serviços de polinização avaliados em 60 mil dólares anuais entre 2002 e 2003[xiv]. Em 2000, cerca de 3,6 milhões de mergulhadores de recifes de coral representavam 10 por cento da totalidade de turistas das Caraíbas, contribuindo com 17 por cento dos lucros provenientes do turismo ou 2,1 mil milhões de dólares, sendo que 625 milhões de dólares foram gastos diretamente com o mergulho.[xv] Caso a degradação dos recifes de coral não aumente, as receitas provenientes do mergulho poderão atingir os 5,7 mil milhões de dólares até 2015; se a saúde dos corais se agravar, estima-se que as receitas diminuam entre 2 e 5 por cento.

É evidente que a biodiversidade e os serviços dos ecossistemas podem definir o desenvolvimento através dos recursos que proporcionam a setores da economia muito produtivos, tais como a agricultura, a produção de madeira, a pesca, o turismo, entre outros, e de que muitos países em desenvolvimento estão dependentes. De facto, estima-se que o capital natural dos países em desenvolvimento corresponda a um quarto de toda a riqueza, ao passo que em países com um rendimento médio esse valor é de 13 por cento e de apenas 2 por cento nos países com elevado rendimento pertencentes à OCDE[xvi].No entanto, é importante salientar que apesar de os países em desenvolvimento virem a ser os primeiros a ser afetados pela perda de biodiversidade, em última instância, os cidadãos dos países industrializados também dependem dos bens ambientais e dos serviços dos ecossistemas em termos de saúde, bem-estar e prosperidade económica. Assim, a conservação e a utilização sustentável da biodiversidade não constituem apenas uma forma de sair da pobreza, mas ajudam também a garantir que os ricos não se tornam pobres.

A compreensão deste facto e do papel e valor global da biodiversidade e dos ecossistemas para o bem-estar do ser humano é, mais do que nunca, um pré-requisito crucial para novos e

---

[xi] Gunawardena, M. e Rowan, J.S., 2005, *Economic valuation of a mangrove ecosystem threatened by shrimp aquaculture in Sri Lanka,* Environmental Management 36(4): 535-550.

[xii] van Beukering, P.J.H., Cesar, H., Janssen, M.A., 2003, *Economic valuation of the Leuser National Park on Sumatra, Indonesia,* Ecological Economics 44: 43-62.

[xiii] UNEP-WCMC, 2006, *In the front line: shoreline protection and other ecosystem services from mangroves and coral reefs,* Cambridge, Reino Unido.

[xiv] Ricketts et al., 2004, *Economic value of tropical forest to coffee production,* PNAS (34): 12579-12582.

[xv] Burke, L. e Maidens, J., 2004, *Reefs at Risk in the Caribbean,* World Resources Institute, Washington DC.

[xvi] Banco Mundial, 2006, *Where is the Wealth of Nations? Measuring capital for the 21st century,* disponível em http://siteresources.worldbank.org/INTEEI/214578-1110886258964/20748034/All.pdf.

urgentemente necessários paradigmas de desenvolvimento. Devido à crescente urbanização e à compartimentação do conhecimento, a nossa economia complexa e global, que está interligada a uma arquitetura financeira mundial e a um sistema de comércio, afastou-se gradualmente da natureza, obscurecendo a nossa real dependência da biodiversidade e dos ecossistemas. Mas, na realidade, todos os sistemas humanos são subsistemas dos ecossistemas da Terra, e os seres humanos e todas as suas criações estão subordinados às leis gerais da natureza.

Ao reconhecer a relação existente entre a perda de biodiversidade, pobreza e fome, a Convenção sobre a Diversidade Biológica e os seus parceiros estão empenhados em encontrar uma solução para estes problemas de uma forma sinergética. Em 2008, durante a nona sessão da Conferência das Partes (CP9), em Bona, na Alemanha, 20 das 37 decisões tomadas apelavam às Partes e ao Secretariado no sentido de tentar encontrar soluções para o desenvolvimento e a pobreza, através de iniciativas ligadas à biodiversidade. Em particular, a decisão IX/25 destaca a cooperação Sul-Sul como uma arma poderosa para melhorar a cooperação internacional, o que permitirá alcançar o desenvolvimento sustentável, nesta era de rápida globalização. De facto, a importância da cooperação entre países do Sul, na partilha dos seus conhecimentos e experiências, não pode ser sobrevalorizada e um potencial acordo institucional envolverá as Organizações Regionais das Partes como plataformas para alcançar esses objetivos. Contudo, os esforços Sul-Sul têm de ser complementados por uma cooperação Norte-Sul eficaz e significativa, que cumpra os compromissos relativos à Eficácia da Ajuda assumidos pela comunidade internacional.

Durante a CP9, esteve também reunido um painel de alto nível a propósito dos temas da Biodiversidade para o Desenvolvimento e da Redução da Pobreza, que assistiu ao lançamento oficial da nova Iniciativa da Biodiversidade para o Desenvolvimento, criada pelo Secretariado com o apoio dos Governos francês e alemão. Em resposta ao Artigo 6b da Convenção sobre a Biodiversidade (CB), esta iniciativa começou a trabalhar de forma sistemática nas formas de incorporar as questões ligadas à biodiversidade em processos mais abrangentes de desenvolvimento e de redução da pobreza. O quadro de referência da CB, para depois de 2010, irá institucionalizar este processo através de uma estratégia geral coerente que terá como alvos os decisores políticos, os profissionais e a comunidade científica de várias áreas e setores. É necessário institucionalizar mecanismos permanentes de sensibilização pública, de criação de massa crítica e de partilha de experiências nos países e nas suas organizações regionais.

Durante a CP9, o Governo alemão lançou uma grande iniciativa para melhorar o âmbito e a gestão das áreas protegidas. A Iniciativa LifeWeb tem como objetivo respeitar os compromissos voluntários para a designação de novas áreas protegidas e para melhoria da gestão das áreas já existentes com compromissos para financiamentos específicos. Mais concretamente, a Iniciativa LifeWeb luta por facultar fundos aos Governos que estejam dispostos a proteger mais áreas, mas que não tenham meios para o fazer.

A primeira fase do já mencionado relatório TEEB foi também lançada no CP9. Nas suas várias fases, o TEEB irá disponibilizar uma síntese abrangente de informação disponível sobre o valor económico da natureza e uma fundamentação para incorporar este valor nos nossos sistemas e mercados económicos. Como escreveu o líder do estudo, Pavan Sukhdev: "A natureza é, diariamente, a fonte de muito valor para todos nós e, no entanto, foge em grande medida aos mercados, escapa à determinação de preço e desafia a avaliação... A bússola económica que usamos atualmente foi um sucesso aquando da sua criação, mas necessita de ser melhorada ou substituída."

A relação, cada vez mais clara e concreta, entre biodiversidade e bem-estar humano foi o motivo pelo qual o objetivo de reduzir a perda de biodiversidade até 2010 foi incorporado nos Objetivos de Desenvolvimento do Milénio (ODM) e 2010 foi declarado o Ano Internacional da Biodiversidade. Foi também por isso que a 22 de Setembro de 2010, em Nova Iorque, um segmento de alto nível da Assembleia-Geral das Nações Unidas debateu, pela primeira vez, a biodiversidade e a sua relação com a redução da pobreza, o desenvolvimento sustentável e a realização dos ODM.

É óbvio que as respostas globais à perda de biodiversidade e as estratégias para a sua conservação necessitam de ser reforçadas e reapetrechadas. A implementação do espírito e letra da Convenção, bem como dos compromissos internacionais baseados na eficácia da ajuda prestada têm sofrido algum atraso; assim sendo, a liderança de âmbito nacional é muito importante na atual conjuntura. Contudo, nem os governos nacionais nem a comunidade internacional conseguem solucionar com eficácia a crise global de biodiversidade sem uma estreita colaboração com os níveis subnacionais de governação e comunidade locais e indígenas. São necessárias medidas adequadas e que reflitam os pontos de vista e o compromisso dos intervenientes locais, bem como atores locais que tomem a grande maioria das decisões diárias na área ambiental. É necessário um trabalho integrado, a todos os níveis, para alcançar bem sucedidas soluções de desenvolvimento, centradas na biodiversidade e nos recursos naturais.

Até à data, a implementação da Convenção tem sido bem sucedida no que se refere às medidas de conservação, tais como a proteção de ecossistemas e espécies. No entanto, ainda não foi estabelecida uma forte relação entre biodiversidade, desenvolvimento e erradicação da pobreza, dado que para tal é necessário identificar as causas que lhes estão subjacentes e obter uma base de apoio mais alargada.

Encontrar uma solução para estas lacunas foi o objetivo da décima sessão da Conferência das Partes (CP10) da Convenção sobre a Biodiversidade, que ocorreu em Outubro de 2010, em Nagoya, no Japão. Em Nagoya, as nossas Partes adotaram um plano estratégico para 2011-2020 que possui um melhor enquadramento para a implementação nacional dos objetivos da Convenção, incluindo objetivos nacionais, mecanismos de apoio adequados e uma abordagem mais robusta à monitorização e revisão, a nível nacional e global.

O plano estratégico pós-2010 contém ainda outros aspetos fundamentais, nomeadamente: estabelecer uma forte relação entre a biodiversidade, os serviços dos ecossistemas e o bem-estar humano; solucionar a questão do valor económico da biodiversidade e dos serviços dos ecossistemas; tornar explícita a importância da preservação da biodiversidade para a erradicação da pobreza e execução dos Objetivos de Desenvolvimento do Milénio; promover uma ação concertada de todos os setores da administração pública e sociedade em geral para fazer frente à perda de biodiversidade; e estabelecer uma ligação entre estas ações e os esforços no combate e adaptação às alterações climáticas. Suscita especial interesse o Objetivo 14, que reivindica, até 2020, o seguinte: *"Os ecossistemas que forneçam serviços essenciais e contribuam para a saúde, subsistência e bem-estar, estão salvaguardados e/ou recuperados e é assegurado a todos o acesso equitativo aos serviços dos ecossistemas, tendo em conta as necessidades das mulheres, indígenas e comunidades locais, e, ainda, dos pobres e vulneráveis"*.

Os trabalhos em Nagoya incluíram também a adoção de um plano de ação plurianual sobre a Cooperação Sul-Sul, no seguimento dos debates ocorridos no primeiro fórum dos países do G77 e China sobre "Biodiversidade e Desenvolvimento". Este plano de ação plurianual do novo plano estratégico da Convenção – caso exista vontade política para a sua implementação – será uma importante contribuição para assegurar que, no futuro, a biodiversidade irá continuar a desempenhar um papel importante nas economias dos países em desenvolvimento e, em geral, na economia global.

Tal como afirmou o economista e político Joseph Deiss, Presidente da Assembleia-Geral das Nações Unidas de Setembro de 2010: "Felizmente, existem estratégias para a proteção e preservação da rica biodiversidade do nosso planeta. Agora, necessitamos que os países implementem estas estratégias."

Os grandes desafios ambientais das economias ocidentais - proposta de caminhos a seguir

Francisco Ferreira
Professor Universitário na Faculdade de Ciências e Tecnologia da Universidade Nova de Lisboa

Introdução

Tem o nome de "princípio das responsabilidades comuns mas diferenciadas" e é regra fundamental para a partilha de esforço de redução das emissões de gases com efeito de estufa no Protocolo de Quioto, que onera os países desenvolvidos com metas a terem de ser cumpridas e deixa os países em desenvolvimento livres dessa obrigação. Apesar de os países em desenvolvimento terem de implementar ações consistentes com um esforço de redução de emissões, pelo menos enquanto a qualidade de vida das suas populações e a sua riqueza for considerada distante das denominadas economias ocidentais, a obrigatoriedade de cumprir limites não existirá.

Esta filosofia de distribuição de responsabilidades tem sido muito questionada, mas até ao momento tem sido admitida como válida, dado que se assume como legítimo que os países que até agora usufruíram de um nível de desenvolvimento em diferentes setores que não apenas o económico, em grande parte à custa do uso de recursos naturais globais com fortes prejuízos para o ambiente, devem ser os que agora terão de assumir a missão de reduzir todo um conjunto de consumos. Mesmo entre os países desenvolvidos, há uma diferenciação tendo por base os critérios semelhantes.

A visão de um desenvolvimento mais sustentável nascida na Conferência de Estocolmo em 1972, muito impulsionada em 1992 com a Conferência ECO/92 no Rio de Janeiro e prosseguida em Joanesburgo na Cimeira da Terra de 2002, olha para o ambiente de uma forma bem mais complexa, como teia de relações sociais, económicas, institucionais e também ambientais.

Em 2009, os critérios de avaliação da qualidade de vida incluídos num estudo que abrangeu um conjunto de municípios portugueses, por parte do INTEC (Instituto de Tecnologia Comportamental), dava precisamente uma visão holística e sistémica do desenvolvimento, incluindo áreas como a acessibilidades e transportes, ambiente num sentido mais estrito, diversidade, tolerância e segurança, economia e emprego, ensino e formação, felicidade, identidade, cultura e lazer, saúde, turismo e urbanismo e habitação. A multiplicidade de vertentes em causa mostra bem que o verdadeiro desafio ambiental é assim bem mais vasto, passando em grande parte por uma mudança transversal de paradigma, onde o crescimento pelo crescimento, como já se percebeu na recente crise económica e financeira, não resolve estruturalmente a forma como temos de lidar com um planeta de recursos materiais e energéticos limitados, já com uma procura que excede a oferta / regeneração desses mesmos recursos, não sendo possível conseguir assegurar uma qualidade de vida desejável em condições de equidade.

Menos, muito menos consumo

A pegada ecológica pode ser expressa de forma simplificada como a relação entre os recursos naturais consumidos e a capacidade ecológica de os fornecer.

O Relatório Planeta Vivo 2010 - Biodiversidade, Biocapacidade e Desenvolvimento, da responsabilidade da WWF, pode ser considerado como um dos melhores exercícios de avaliação do uso de recursos à escala planetária. Recorrendo à metodologia de cálculo da Pegada Ecológica desenvolvida pela *Global Footprint Network,* podemos perceber facilmente que desde 1974 ultrapassámos a capacidade de regeneração dos recursos necessários a uma população mundial crescente. De momento, contabilizando as necessidades de uso do solo, terra arável, recursos pesqueiros, floresta, pastagens e principalmente de uso do carbono como combustível, precisaríamos de 1,5 planetas Terra para assegurar os recursos materiais e energéticos que consumimos. Isto é, o que consumimos num ano, a biocapacidade do planeta só consegue repor em um ano e meio, sendo que a tendência é para um agravamento. Encontramos assim um conjunto de países que podemos considerar como devedores ambientais, isto é, retirando, explorando e usando mais do que deveriam para a vida de cada um dos seus habitantes, à custa de países credores que são fornecedores desses serviços ambientais (onde se inclui obviamente a alimentação ou a energia). Nesta perspetiva um pouco diferente, a América do Norte ou a Europa estão precisamente nas economias devedoras, com uma pegada por habitante superior àquela que seria legítimo ter, contribuindo assim também para um excesso de exploração de recursos à escala mundial.

Neste contexto, torna-se fundamental um uso menor dos recursos através de uma redução do consumo (excessivo) das economias ocidentais, que é possível atingir se houver também uma mudança de mentalidades que reoriente a sociedade no sentido de uma qualidade de vida que é garantida através de valores que não tenham muitas das vezes o desperdício como grande resultado.

Saber distribuir

Há aproximadamente 10 anos, o Programa das Nações Unidas para Desenvolvimento fazia uma avaliação da distribuição da riqueza que ainda agora se mantém. Um quinto da população total com maior riqueza é responsável por 86% do consumo privado, 58% do consumo de energia, 45% da carne e peixe, 84% do papel, possui 87% dos carros e 74% dos telefones. Já o quinto oposto, da população mais pobre, é responsável por apenas 5% do consumo ou da posse dos bens e serviços anteriormente descritos.

Em 2004, o World Watch Institute assinalava que os Estados Unidos da América e o Canadá eram responsáveis por uma percentagem de gastos mundiais com consumo na ordem dos 31,5%, e a Europa Ocidental de 28,7%. Ao mesmo tempo porém, a população mundial das duas áreas era de 5,2% e 6,4%, respetivamente. Já quando olhamos para o Sul da Ásia, 22,4% da população mundial consome apenas 2,0%, e numa das zonas mais pobres do planeta, a África Subsaariana, 10,9% da população é responsável por 1,2% dos gastos globais com consumo.

A discussão sobre o futuro do planeta no que respeita a uma maior equidade passa pelo papel de atores decisivos como os grupos de países denominados G8 (países desenvolvidos) e G20 (com economias emergentes incluídas), para além do desempenho das Nações Unidas, não esquecendo os Estados Unidos da América e a União Europeia em particular. O que se tem verificado é que as discussões nas diferentes plataformas de encontro entre países têm sempre uma natureza quase exclusivamente baseada no funcionamento dos mercados e não uma visão mais holística como seria desejável. Os aspectos em discussão como a cooperação (mais do que a transferência) de tecnologia, o controlo da população de algumas economias emergentes, os apoios de diferente natureza, incluindo a ajuda humanitária, são vertentes absolutamente cruciais onde os países desenvolvidos têm de assumir uma postura menos autoritária, mas impondo sem dúvida mecanismos de medição, reporte e verificação, de modo a garantir tanto quanto possível o uso sustentável dos financiamentos.

O ambiente como fator valorizador do emprego

O transporte público, as energias renováveis, a eficiência energética, a reabilitação urbana, a reciclagem, as ações de mudança de comportamentos, a agricultura biológica, são exemplos que muitos especialistas têm usado no sentido de alertar para o facto de estas atividades serem não apenas mais sustentáveis ambientalmente, mas também do ponto de vista social, por serem grandes geradoras de emprego. Entre as palavras e as estimativas, é necessário uma avaliação mais transparente dos benefícios sociais de uma política que pretende aproveitar atividades de menor impacte, que prolonguem a vida dos materiais fazendo um uso mais moderado da energia, num mundo ocidental que continua muito orientado para a produção de mais e mais resíduos. Os casos de estudo onde centros históricos ganham nova vida, onde o abastecimento alimentar é feito a partir da proximidade, onde o envolvimento das populações é mobilizador, onde as diferentes vertentes da sustentabilidade conseguem fazer parte de uma agenda coerente, realizável, inovadora e participada, merecem ser exemplos demonstrativos de verdadeiros desafios a serem ultrapassados numa sociedade dita moderna.

Contabilizar os serviços dos ecossistemas

Um dos principais desafios futuros na área do ambiente, em particular na componente biodiversidade e conservação da natureza, mas também na gestão dos recursos fundamentais como o solo, ar, água, é o esforço de contabilização económica dos serviços que os ecossistemas nos prestam e que não valorizamos.

A WWF menciona que os ecossistemas são capazes de diferentes funções vitais como serviços de apoio (ex. ciclo de nutrientes), serviços de abastecimento (ex. alimentos, água potável), serviços de regulação (ex. regulações climáticas, controlo de pragas), e ainda serviços culturais (estéticos, recreativos). Numa economia que já valoriza o carbono, equacionar toda a gestão "gratuita" dos ecossistemas numa lógica económica e até de mercado é um desafio necessário para se dar valor àquilo que até agora se tem degradado, com estimativas de prejuízos que ficam de certeza aquém dos impactes reais no longo prazo.

Um novo clima que se avizinha

Nas próximas décadas, as alterações climáticas vão ser sem dúvida uma das maiores ameaças ao desenvolvimento sustentável do Planeta. O aquecimento global resultante da emissão de gases com efeito de estufa provenientes principalmente da queima de combustíveis fósseis, mas também agravado pela incapacidade das florestas, cada vez com menor área, de consumirem carbono, está a ter um conjunto de consequências que deverão complicar em muito o nosso futuro. A ciência apresenta-nos um quadro onde a alteração climática, se o aquecimento for superior a dois graus centígrados em relação à era pré-industrial, será dramática. Isto é, doenças como a malária abrangerão áreas muito maiores que as atuais, várias regiões sofrerão de falta de água e a sua qualidade será pior, os equilíbrios de diversos ecossistemas estarão em risco com perdas significativas de biodiversidade. Ou seja, em muitos países onde a qualidade de vida é já mínima, as alterações climáticas serão um fator de agravamento de tensões sociais e de maior crise económica. Se as questões políticas da equidade entre as pessoas, da distribuição equilibrada de bens e rendimentos, estão já na ordem do dia em muitos dos países em desenvolvimento, a crise climática irá agravar de forma decisiva a situação de muitas populações.

Se a inevitabilidade do aquecimento global é um facto, a luta por objetivos de redução das emissões a par da ajuda, por razões morais, de solidariedade e até no âmbito de uma estratégia de desenvolvimento sustentável global pelos países mais industrializados é um objetivo essencial.

Efetivamente foi à custa do uso desenfreado da energia pelos países mais ricos como suporte a um suposto crescimento económico cujo paradigma está agora a ser posto em causa, que o clima tem vindo a mudar. Não podemos fugir de nos adaptarmos às mudanças climáticas, sendo mais difícil fazê-lo nos países com menos recursos que assim necessitam não apenas de usufruir da transferência de tecnologia, de investimentos em energias renováveis como suporte a um desenvolvimento com menores impactes no ambiente, mas também de apoios financeiros e outros para lidar com secas, cheias, aumento do nível do mar ou o aumento da população atingida por determinadas doenças.

O grande dilema surge na cooperação entre países desenvolvidos e em desenvolvimento. Apesar de fundos existentes e outros que se pretende venham a ser criados, a ajuda que está programada dar aos países que já sofrem as consequências da alteração do clima não passam de algumas migalhas. Simultaneamente, os países desenvolvidos não querem transferir verbas ou tecnologia que dizem, nos corredores, seriam desbaratados pela má gestão e pela corrupção que atinge muitos dos países recetores da ajuda. Não basta assim uma aposta maioritária dos países desenvolvidos no mecanismo de desenvolvimento limpo, através do qual se fazem investimentos em áreas como as energias renováveis, em países em desenvolvimento, sendo as emissões de carbono evitadas retiradas à contabilização dos países que os suportam, promovendo assim um caminho mais sustentável. É necessário todo um conjunto de iniciativas acordadas globalmente que permitam assegurar um esforço significativo de redução de emissões dos países mais industrializados / ricos, da ordem dos 80% a 90% de redução de emissões entre 1990 e 2050, e uma correção imediata tendo como objetivo a estabilização das emissões dos países em desenvolvimento, em particular das economias emergentes como a Índia e a China. A Europa, em termos políticos, tem aqui o dever mas também uma oportunidade de ser ambiciosa nos objetivos de independência energética e de redução de emissões, já no horizonte 2020 (onde se deveria apontar para uma redução da ordem dos 30% de emissões através de um esforço interno).

Aguarda-se a continuação do Protocolo de Quioto ou um novo acordo que venha a definir os objetivos e as regras à escala mundial após 2012. Saber como apoiar um desenvolvimento mais amigo do ambiente pelas economias emergentes, saber como suportar muitos países pobres envoltos em crises políticas e humanitárias e, acima de tudo, saber reduzir à escala mundial as emissões de gases com efeito de estufa na ordem dos 60 a 80% em relação aos níveis atuais, evitando um aumento dramático da temperatura. Transformar as alterações climáticas numa oportunidade para o recurso às energias renováveis, eficiência energética e entendimento entre os povos num quadro de responsabilidade partilhada entre países e nos países é o desafio que temos que enfrentar com a participação de todos.

Outros desafios

As alterações climáticas são sem dúvida um importante ponto de partida para uma reflexão sobre um vasto conjunto de matérias que constituem um desafio às economias ocidentais em matéria ambiental. Os temas, alguns já com um longo trajeto de discussão e análise, outros com um percurso ainda inicial de reflexão, são nomeadamente os organismos geneticamente modificados, os poluentes orgânicos persistentes, o recurso às nanotecnologias, os biocombustíveis, e a captura e armazenamento de carbono.

Em todas estas áreas-exemplo, a filosofia de gestão do ponto de vista ambiental é assegurar que o princípio da precaução deve ser especialmente tido em conta face a uma ameaça de danos significativos à escala global no longo prazo, associados à incapacidade de agir posteriormente face aos custos de eventuais medidas de fim de linha, de descontaminação, ou de ordenamento do território (dependendo da área em causa). No que respeita aos organismos geneticamente modificados, a expansão verificada não tem tido o progresso que inicialmente se previa, aliás porque, os rendimentos conseguidos também estão longe da revolução inicialmente prometida.

É ainda cedo para avaliar o impacte das culturas agrícolas recorrendo a esta tecnologia. Em causa está a necessidade de garantir a preservação da agricultura em modo de produção denominado de biológico e de muitas espécies que nos ecossistemas têm revelado serem sensíveis a extensas monoculturas onde determinadas substâncias associadas a culturas transgénicas podem causar prejuízos. No caso dos poluentes orgânicos persistentes, a par do uso das nanotecnologias, está o enorme problema de se recorrer a elementos e compostos que serão disseminados através de inúmeros produtos em concentrações extremamente pequenas mas que marcarão uma presença no ambiente no futuro, com impactes na saúde humana e nos ecossistemas que aconselham o devido cuidado de avaliação antes de um uso massificado e global. A área dos biocombustíveis é outra onde a interação entre países desenvolvidos e em desenvolvimento é e será decisiva. Com a necessidade de cumprimento de metas de redução de emissões nos transportes e com o expectável aumento do preço do petróleo face à sua maior escassez, a produção e/ou a aquisição de biocombustíveis tem sido uma área em franca expansão por parte dos Estados Unidos da América e da Europa. Por outro lado, países como o Brasil ou a Indonésia veem aqui uma oportunidade económica que não querem perder, sendo que no caso do Brasil se trata já de um investimento tradicional no que respeita à cultura da cana do açúcar.

Os biocombustíveis podem ser uma alternativa ao petróleo se forem avaliadas e respeitadas regras que permitam que a sua produção não seja insustentável como atualmente acaba por ser. Em causa está a seleção de culturas alimentares, gerando uma competição de preços que não faz sentido, a destruição de áreas de ecossistemas relevantes em termos de produção e biodiversidade para a instalação de vastas superfícies de monocultura, a alteração direta e indireta do uso do solo, e ainda impactes a nível social. É assim necessário que as economias ocidentais sejam muito exigentes em toda a transparência e contabilização do processo de produção e comercialização dos biocombustíveis no sentido de uma correta avaliação da efetiva vantagem climática. Por último, uma área crucial para as economias ocidentais e para as economias emergentes e ainda no domínio do combate às alterações climáticas, é a captura e armazenamento de carbono. Trata-se de um dos desafios mais difíceis mas considerado por muitos peritos como decisivo e que consiste na capacidade de retirar o carbono dos gases de combustão e colocá-lo em reservatórios permanentes com elevada segurança de ele não voltar à atmosfera. Fazê-lo sem perdas significativas de eficiência e viabilizar a solução do ponto de vista económico mostra-se por agora ser muito complexo, com estimativas otimistas a apontarem para uma solução operacional apenas depois do ano de 2020.

Comum a todas as áreas mencionadas é a necessidade de se efetuarem análises de ciclo de vida, com ensaios suficientemente detalhados e rigorosos que permitam melhorar o grau de confiança da viabilidade ou a esperança destas novas tecnologias em desenvolvimento por parte das economias ocidentais, avançando devagar de forma a que a ciência e a tecnologia não ultrapassem a irreversibilidade de prejuízos ambientais e certamente também económicos, que nalguns casos possam surgir. Desenhar produtos que logo à partida integram princípios de durabilidade, poucos materiais e reduzidas quantidades de água e energia, recorrendo ao que se denomina de ecodesign, é também uma vertente a implementar cada vez mais.

Conclusões

As economias ocidentais têm uma responsabilidade enorme no contexto mundial por terem até agora usufruído de mais recursos naturais de um planeta que atualmente já não consegue ter capacidade de regeneração para assegurar uma desejável qualidade de vida a uma população crescente. Chegou o momento de concretizar uma mudança de paradigma, onde é necessário equilibrar um mundo desigual, e assegurar um desenvolvimento que garanta a segurança alimentar, a preservação da biodiversidade, a saúde e o bem-estar, entre outros aspetos.

Os desafios dos países desenvolvidos têm assim duas vertentes: por um lado a responsabilidade social e ambiental de promoverem uma maior partilha de recursos, encontrando mecanismos de cooperação com os países em desenvolvimento; por outro lado, o desenvolvimento científico e tecnológico deverá submeter-se à aplicação do princípio da precaução de modo a evitar novos problemas futuros. A redução dos consumos de materiais e energia é um outro desafio fundamental, num quadro onde as alterações climáticas se afiguram como o problema ambiental mais significativo deste século.

Biodiversidade e Pobreza

Hardy Jones
Diretor Executivo do Projeto
BlueVoice.org

A biodiversidade é a base de toda a vida na Terra. Se eliminarmos um elemento (ou acrescentarmos um elemento) à natureza, fazemo-lo desconhecendo as consequências que daí advêm. Nas últimas décadas, noventa por cento dos grandes seres pelágicos foram eliminados. Surpreendentemente, setenta por cento da biomassa existente nos oceanos foi consumida pelo Homem, o que obviamente reduz as fontes de alimento disponíveis para as populações empobrecidas. Os sistemas de pesca artesanais têm sido, gradualmente, dizimados pelas práticas de pesca industrial das nações mais ricas. Tal facto já ocorreu na Ásia, América Latina e nas Caraíbas, onde funcionários locais corruptos emitem autorizações de pesca a navios-fábrica estrangeiros a troco de incentivos. Estas decisões são tomadas à custa dos pescadores e consumidores locais que, de contrário, teriam acesso a grandes quantidades de peixe a preços razoáveis.

O crescimento populacional, predominante nas zonas costeiras de todo o mundo, em conjunto com o grande desenvolvimento urbano, que também ocorre sobretudo nas zonas costeiras, têm produzido poluição química que ameaça a diversidade de espécies marinhas existentes e, consequentemente, a produtividade dos ecossistemas marinhos. O resultado óbvio é a acentuada redução de recursos alimentares provenientes do mar e que servem de meio de subsistência a pessoas de baixos rendimentos.

Para além de uma acentuada redução de espécies e do número de peixes e de outros recursos alimentares marinhos existentes, grande parte do remanescente está contaminado com poluentes orgânicos persistentes (POP) e metais pesados, tais como o mercúrio e o cádmio. Tal facto constitui uma grande ameaça para os seres humanos que se alimentam destes recursos. As populações que consomem

grandes quantidades de peixe, sobretudo espécies de vida longa e de grande dimensão, tais como o peixe-espada e o atum, estão expostas a um fator de risco mais elevado. As populações indígenas, que consomem grandes quantidades de peixe e de mamíferos marinhos, são quem possui os mais elevados níveis destes produtos químicos.

Além disso, muitos POP possuem propriedades químicas análogas ao estrogénio e a sua ingestão provoca uma feminização de homens e mulheres. Na Gronelândia, entre os inuítas que comem beluga, narval e foca, ocorreu um aumento na proporção do número de recém-nascidos do género feminino. Estudos científicos realizados nas Ilhas Faroé documentam o facto de as crianças que estiveram direta ou indiretamente expostas à carne de baleia-piloto, quer através do seu consumo quer do leite materno, sofrerem de dificuldades motoras e de aprendizagem devido a perturbações no sistema nervoso central. O número de pessoas diagnosticadas com a doença de Parkinson nas Ilhas Faroé é o dobro da percentagem do continente dinamarquês.

Já foi demonstrado que tanto os POP como os metais pesados reduzem a contagem de espermatozóides nos homens. Apesar de o controlo da população ser frequentemente considerado um fator importante para o sucesso dos países desenvolvidos, a melhor forma de o implementar não será certamente através do consumo de peixe e marisco contaminado com produtos químicos. Além disso, sabe-se que o surgimento de peixes e moluscos hermafroditas se deve aparentemente à ingestão de produtos químicos semelhantes ao estrogénio. Esta é uma forma de diversidade que não é benéfica.

Nos últimos dois anos foram descobertas, em simultâneo, trinta novas doenças em golfinhos de todo o mundo. As doenças emergentes incluem formas de vírus da cinomose canina e focina (foca), tumores urogenitais, infeções causadas pelo vírus do papiloma humano (VPH), tais como verrugas, brucelose (um parasita intracelular gerador de doença crónica), botulismo, cólera, salmonelas, giárdia e doenças fúngicas.

O que talvez seja mais preocupante é que, para além de os golfinhos terem desenvolvido doenças previamente desconhecidas na sua espécie, amostras demonstraram que estes desenvolveram resistência a uma vasta gama de antibióticos. Em duas zonas estudadas – Charlston, na Carolina do Sul, e Indian River Lagoon, na Flórida, foram encontradas em golfinhos, mas não só, provas da existência de antibióticos tais como tetraciclina, ampicilina e até triclosam, um agente que combate os germes e está presente nos desinfetantes para as mãos. Estes produtos acabam por chegar aos cursos de água, porque as pessoas os despejam nas sanitas ou são, muito simplesmente, eliminados através da urina. Os centros para o controlo e prevenção de doenças (Centers for Disease Control - CDC), existentes nos EUA, consideram que a resistência aos antibióticos é um problema de saúde grave e emergente para os animais e seres humanos. No estado natural, os golfinhos não deveriam possuir qualquer resistência aos antibióticos. Uma das principais preocupações dos CDC é que a MIRSA, uma estirpe de estafilococos resistente a antibióticos, se possa desenvolver em golfinhos e acabar por produzir bactérias multirresistentes ou agentes patogénicos resistentes aos antibióticos que poderiam passar dos golfinhos para o ser humano. Em muitos países em desenvolvimento, as populações residentes nas zonas costeiras, desesperadas por alimentos, consomem mamíferos marinhos que dão à costa, precisamente aqueles que têm uma maior probabilidade de serem contagiosos. Estão a ocorrer, a nível mundial, alterações ambientais sem precedentes, causadas pela urbanização, pelos rápidos meios de transporte à escala global e pelas mudanças climáticas. De entre as consequências mais alarmantes, é de salientar a zoonose, ou seja, a transmissão de doenças de umas espécies para as outras.

Anteriormente, as bactérias, vírus ou fungos omnipresentes ou frequentemente encontrados no ambiente marinho eram combatidos pelo sistema imunitário de um golfinho, foca ou manatim saudável. No entanto, os elevados níveis de contaminantes que se acumulam nos mamíferos marinhos estão a atacar os seus sistemas imunitários, fazendo com que aquilo que anteriormente era combatido de forma rotineira se torne agora numa ameaça séria, e até mortal, à saúde e que poderá disseminar-se aos seres humanos que consomem alimentos provenientes de mares e oceanos.

A transmissão de doenças entre espécies não é um conceito novo. Pensa-se que a SIDA tenha surgido devido ao contacto de um ser humano com o sangue de um macaco portador do vírus, na África Central, que foi morto para servir de alimento. Outros exemplos de doenças zoonóticas são a gripe das aves e a gripe suína (H1N1). Numa evolução alarmante, as doenças que se julgavam erradicadas ou já praticamente inexistentes entre os seres humanos estão a ressurgir entre os mamíferos marinhos. A Trichinella, um parasita de corpo cilíndrico responsável pela triquinose, outrora temida por aqueles que comiam porco, está agora a ser descoberta nas focas-aneladas e provavelmente em morsas que foram forçadas a alimentar-se deste tipo de focas, dado o declínio das suas habituais presas devido à pesca excessiva e às mudanças climáticas. A população inuíta alimenta-se de morsa, mas ainda se desconhece se tal facto a coloca em perigo de contrair triquinose.

Carlos Yaipen-Llanos, do grupo peruano ORCA, divulgou um aumento da diabetes no norte do Peru, entre os pescadores que se alimentam de carne de golfinho. No entanto, na mesma povoação, não houve um aumento da incidência da doença nos habitantes que não comem golfinho. A diabetes é bastante incomum entre a generalidade dos peruanos e, apesar de ainda não estar completamente definido um nexo de causalidade, as provas apontam claramente para a carne de golfinho, rica em contaminantes químicos. O que torna esta situação ainda mais alarmante é que a disseminação destas doenças surge em conjugação com o aquecimento global. Os poluentes orgânicos presos no interior do gelo são libertados quando este se derrete. À medida que as águas aumentam de temperatura, as espécies-presa podem entrar em declínio ou até mesmo desaparecer.

Tem sido divulgado que, em diferentes locais, os mamíferos marinhos têm camadas de gordura cada vez mais finas, ou seja, os poluentes acumulados nessa gordura estão a ser libertados na corrente sanguínea, atingindo os órgãos destes animais.

O mundo em desenvolvimento vê-se confrontado com o declínio de um recurso de base que, na sua maioria, está contaminado por produtos químicos de origem industrial que diminuem as capacidades reprodutivas, suprimem o sistema imunitário e que, de forma direta, provocam doenças.

A redução e a contaminação da biota marinha mundial, em conjunto, serão um obstáculo de relevo à erradicação da pobreza.

Economia solidária no Brasil: uma estratégia para a sustentabilidade e a solidariedade

Roberto Marinho Alves da Silva [1]
Diretor do Departamento de Fomento à Economia Solidária da Secretaria Nacional de Economia Solidária no Ministério do Trabalho e Emprego no Brasil

& Andrea Cristina Fonseca [2]
Chefe de Gabinete da Secretaria Nacional de Economia Solidária/ MTE

As organizações socioeconômicas que visam promover a cooperação ativa entre trabalhadores ou produtores autônomos e familiares crescem nas áreas urbanas e rurais, viabilizando atividades de produção, de prestação de serviços, de crédito, de comercialização e de consumo. Essas iniciativas de economia solidária são fomentadas, em sua maioria, como alternativas ao desemprego, oportunidades de inclusão social e estratégias de dinamização de cadeias produtivas no âmbito de processos de desenvolvimento local ou territorial sustentável. Nessa perspectiva, contribuem para o resgate de comunidades camponesas, da agricultura familiar, do extrativismo e da pesca artesanal, dos povos e comunidades tradicionais, assentados da reforma agrária, as associações e cooperativas de catadores(as).

Trata-se de um modo de organização econômica e social que privilegia a autogestão, o trabalho associado, a cooperação e a sustentabilidade em empreendimentos econômicos solidários e redes de cooperação. Ao promover a democratização das relações sociais de produção, contribui para a superação da subalternidade do trabalho em relação ao capital, desenvolve as capacidades e valoriza o trabalho produtivo e reprodutivo de homens e mulheres, considerando o ser humano na sua integralidade, como sujeito e finalidade da atividade econômica. Com essas características, a economia solidária reveste-se de potencial estratégico para orientar uma nova lógica de desenvolvimento sustentável e solidário, mediante um crescimento econômico com proteção dos ecossistemas e respeito às diversidades culturais.

As origens da economia solidária são remotas. Suas práticas e valores são identificados em modos de organização

---

[1] Filósofo, Doutor em Desenvolvimento Sustentável, é Diretor de Fomento à Economia Solidária da Secretaria Nacional de Economia Solidária.
[2] Pedagoga, Chefe de Gabinete da Secretaria Nacional de Economia Solidária.

da produção e da vida de povos e comunidades tradicionais. As práticas de cooperação e solidariedade foram resgatadas em lutas históricas de resistência de trabalhadores no início do século XIX, sob a forma de cooperativismo, contra um modo de produção que mantém a exploração do trabalho como base da acumulação de capital e explora a natureza como fonte inesgotável de recursos.

No final do Século XX a economia solidária ressurge no Brasil e no mundo como resposta dos trabalhadores às novas formas de exclusão e exploração no mundo do trabalho. Traz em sua essência novos paradigmas e modelos de produção, de consumo e de trabalho reprodutivo sustentáveis, reconhecendo os limites naturais e sociais da busca do crescimento econômico a qualquer custo. Afirmando, assim, um novo fundamento ético que estabelece as necessidades sociais e ambientais sobre o objetivo do crescimento econômico.

Essas iniciativas socioeconômicas vêm obtendo alguns avanços políticos nos últimos anos, com a criação e fortalecimento das organizações e articulações (fóruns e redes) e a conquista de políticas públicas. Obtêm reconhecimento do seu potencial, de suas práticas baseadas em valores e princípios capazes de questionar e enfrentar um modelo civilizacional que possui dentre suas mazelas a crise econômica, social e ambiental. O presente artigo reflete sobre essa trajetória recente, apontando desafios e estratégias para consolidar a economia solidária no Brasil, como estratégia de desenvolvimento sustentável e solidário.

Trajetória recente e características da economia solidária

No Brasil, a economia solidária se expandiu a partir do trabalho realizado por organizações da sociedade civil, de igrejas, das incubadoras universitárias e dos movimentos sociais que atuam no campo e na cidade. São centenas de entidades que apoiam iniciativas associativas comunitárias e a constituição e articulação de cooperativas populares, redes de produção e comercialização, feiras de economia solidária etc.

Desde o início dos anos 1980 surgiram iniciativas de apoio às iniciativas de economia solidária, tais como os Projetos Alternativos Comunitários (Bertucci e Silva, 2003) e a cooperação agrícola em assentamentos de reforma agrária, entre outras. Esse processo ganhou impulso na década de noventa, com a criação de milhares de empreendimentos econômicos solidários e de redes de cooperação, incentivados por organizações não-governamentais (ONG) e por Incubadoras de Cooperativas Populares, criadas nas universidades, no âmbito do movimento da "Ação da Cidadania contra a Fome e a Miséria pela Vida". Num contexto de forte desemprego e de fechamento de fábricas, o movimento sindical urbano passou a apoiar dezenas de iniciativas de recuperação de empresas por trabalhadores em regime de autogestão. Nesse mesmo período surgiram as primeiras iniciativas governamentais municipais e estaduais de apoio e fomento à economia solidária.

O Sistema Nacional de Informações em Economia Solidária (SIES) permite conhecer as principais características dos Empreendimentos Econômicos Solidários (EES): organizações coletivas de trabalhadores(as) que exercem a autogestão na realização de atividades econômicas de forma continuada ou permanente.[3] As informações foram coletadas entre 2005 e 2007, durante o Mapeamento da Economia Solidária no Brasil com a identificação de 21.859 EES em 2.934 municípios (o que corresponde a 52% dos municípios brasileiros). [4]

Considerando o ano de início das atividades, constata-se que o fenômeno da economia solidária é recente, com a grande maioria dos EES[5] tendo seu início na década de 90 com gradativa expansão no século XXI. De fato, os principais motivos para a criação dos EES são a alternativa ao desemprego (46%); complemento da renda dos sócios (44%); obtenção de maiores ganhos na atividade desenvolvida coletivamente (36%); possibilidade da gestão coletiva da atividade (27%) e condição para acesso a crédito (25%). Estão associados nesses empreendimentos cerca de um milhão e setecentos mil homens e mulheres, com média de 78 participantes por EES.

Quanto à área de atuação, quase metade dos empreendimentos atua exclusivamente na área rural; 35% atuam exclusivamente na área urbana e 17% têm atuação tanto na área rural como na urbana. Considerando a distribuição no território brasileiro, há uma maior concentração de EES na região Nordeste, com 43,5%; 12% na região Norte; 18% na região Sudeste; 10% na região Centro-Oeste e 16,6% na região Sul. Cabe destacar que na região Sudeste a maioria dos EES (60%) atua na área urbana e nas regiões Norte e Nordeste a participação dos EES que atuam exclusivamente na área rural está acima da média nacional. As atividades econômicas desenvolvidas pelos EES resultam numa extensa variedade e expressiva quantidade de produtos e serviços, havendo predominância daqueles relativos às atividades de agropecuária, extrativismo e pesca (42%); alimentos e bebidas (18,3%) e diversos produtos artesanais (13,9%), entre outros. Esses produtos e serviços destinam-se predominantemente aos espaços locais, ao comércio local comunitário e aos mercados/comércios municipais, sendo que apenas 7% dos EES afirmaram que o destino comercial de seus produtos é o território nacional e 2% que realizam transações com outros países.

Em relação ao desafio da viabilidade econômica, o mapeamento mostra que a maioria dos empreendimentos consegue obter sobras em suas atividades econômicas (38%) enquanto somente 15% dos EES são deficitários, isto é, não obtiveram faturamento suficiente para pagar as suas despesas e 34%, embora não obtendo sobras, conseguiram pagar as despesas realizadas[6].

Em 59% dos EES, os associados conseguem obter retiradas mensais (remuneração), sendo que, em 38% desses, a remuneração média mensal tem valor de até meio salário mínimo (SM); em 24%, a remuneração média mensal é de meio a um SM; e em 38%, a retirada é acima de um Salário Mínimo. Os dados revelados pelo mapeamento da economia solidária indicam que está em constituição uma importante alternativa de inclusão social pela via do trabalho

---

[3] Esse conceito procura sintetizar as principais características da economia solidária, afirmando uma identidade que não é restrita às formas cooperativas, associativas ou societárias legalmente definidas, mas que pode se expressar como parte destas formas organizativas. No Brasil, a maior parte dos empreendimentos está organizada sob a forma de associação (52%), seguida de grupos informais (36%), organizações cooperativas (10%) e outras formas (2%).
[4] Dados podem ser consultados em www.sies.mte.gov.br (sistema de informações em economia solidária).
[5] Trata-se de uma questão de múltiplas respostas e que a situação varia de acordo com a região do EES.
[6] Deve-se considerar que 13% dos EES não são organizados com vistas à obtenção de resultados financeiros.

e da renda. Isso é possível quando ocorre a combinação da cooperação, da autogestão e da solidariedade na realização de atividades econômicas, melhorando a qualidade de vida dos trabalhadores e trabalhadoras.

As práticas e valores da economia solidária são orientados para a redução das disparidades de renda e de riqueza com a propriedade coletiva e social dos meios e instrumentos de produção e com a gestão compartilhada dos meios de produção e partilha dos resultados da atividade econômica. A valorização social do trabalho expressa uma orientação para a superação da subalternidade do trabalho em relação ao capital, desenvolvendo capacidades dos trabalhadores/as como sujeitos ativos da atividade econômica e promovendo a justiça social com distribuição de renda.

Os EES são espaços potenciais para valorização das diversas formas de trabalho associado das mulheres e de povos e comunidades tradicionais em iniciativas econômicas solidárias de produção, serviços, finanças e consumo. O reconhecimento da mulher e do feminino numa economia fundada na solidariedade implica na participação ativa das mulheres em espaços de direção de empreendimentos autogestionários e valorização do trabalho reprodutivo ao lado do trabalho produtivo. A contextualização das iniciativas econômicas considera tanto as diversidades ecológicas quanto as diversidades culturais e étnicas das comunidades e povos tradicionais.

De fato, na economia solidária, a solidariedade é expressa na valorização e inclusão de todas as pessoas no desenvolvimento, contra todas as formas de preconceito e de discriminação por cor da pele, sexo, idade, etnia, cultura, religião, orientação sexual ou pela condição física, psíquica ou econômica. A qualidade de vida passa a ser compreendida como o direito a uma vida digna, à realização das aspirações e das capacidades de todas as pessoas. Nessa perspetiva, a economia solidária expressa uma estratégia de desenvolvimento que considera os direitos de acesso e usufruto de um ambiente saudável, da diversidade cultural, da autodeterminação dos povos e de igualdade de gênero, raça e etnia.

A autogestão é outro diferencial da economia solidária expressa em um conjunto significativo de práticas democráticas participativas nas decisões estratégicas e cotidianas dos empreendimentos: na escolha de dirigentes, na coordenação das ações nos seus diversos graus e interesses, nas definições dos processos de trabalho e, sobretudo, nas decisões sobre a aplicação e distribuição dos resultados e excedentes. Em mais de 64% dos EES, a participação de associados nas decisões cotidianas ocorre em assembleias ou reuniões gerais com periodicidade máxima mensal. A democracia interna contribui para a emancipação do trabalho ao tornar cada pessoa associada consciente do seu papel a serviço do desenvolvimento dos interesses coletivos no EES e de cada um dos seus associados. O compromisso político e a participação comunitária também são características da economia solidária, com 59,4% dos EES participando de movimentos sociais e populares e 42,2% em redes ou fóruns de economia solidária.

A economia solidária valoriza os sistemas produtivos sustentáveis enquanto estratégias inovadoras de organização do trabalho em uma relação harmoniosa e amorosa com a natureza, garantindo a produção de bens e serviços para atender as necessidades da população. Dessa forma, busca eliminar impactos sociais e reduzir significativamente os impactos ambientais na produção de bens e serviços. Da mesma forma, ao incentivar o consumo ético e responsável dos seus produtos e serviços, contribui para a superação da cultura contemporânea do consumismo. O SIES revela que dois terços dos EES se preocupam com a qualidade de vida de consumidores de seus produtos e serviços, oferecendo produtos agroecológicos (28,6% dos EES), realizando coleta de materiais recicláveis e reaproveitando os resíduos que geram nas suas atividades produtivas (31,8% dos EES, em sua maioria, urbanos).

Apesar da importância social e econômica que vêm adquirindo, esses empreendimentos apresentam grandes fragilidades. Constata-se que 68% dos EES têm dificuldades na comercialização de seus produtos e serviços, apenas 17% acessaram crédito e 27% tiveram acesso à assistência técnica. Além disso, segundo os dados do SIES, quase dois terços dos EES que desenvolvem suas atividades econômicas em áreas urbanas são grupos informais. Tal situação requer o fortalecimento do processo organizativo para a conquista de políticas públicas da economia solidária.

Processos organizativos e a conquista de políticas públicas

A economia solidária no Brasil está avançando na sua organização política, constituindo fóruns e redes, com a intenção de ultrapassar a dimensão de iniciativas isoladas e fragmentadas. As articulações ganharam impulso no final da década de 90 e se consolidaram com a criação do Grupo de Trabalho Brasileiro de Economia Solidária no ano 2001, nos Fóruns Sociais Mundiais realizados no Brasil. Em 2002, foi realizada a Primeira Plenária Brasileira de Economia Solidária, com a elaboração de uma Plataforma Nacional de Economia Solidária. No ano seguinte, foi criada a Secretaria Nacional de Economia Solidária (SENAES) no âmbito do Ministério do Trabalho e Emprego (MTE), fruto do esforço político conjunto de uma série de organizações que atuam com economia solidária no Brasil. No mesmo período, em junho de 2003, foi realizada a Terceira Plenária Nacional de Economia Solidária, criando o Fórum Brasileiro de Economia Solidária (FBES).

Hoje, além do Fórum Brasileiro, existem 27 fóruns estaduais com milhares de participantes (empreendimentos, entidades de apoio e rede de gestores públicos de economia solidária) em todo o território brasileiro. Foram fortalecidas ligas e uniões de empreendimentos econômicos solidários e foram criadas novas organizações de abrangência nacional, a exemplo da União das Cooperativas de Agricultura Familiar e Economia Solidária (UNICAFES) e da União e Solidariedade de Cooperativas e Empreendimentos de Economia Social (UNISOL). Em 2004 foi realizado o I Encontro Nacional de Empreendimentos Econômicos Solidários com mais de mil empreendimentos participantes, expressando a grande diversidade econômica e cultural alcançada pela economia solidária no Brasil.

A economia solidária também vem conquistando o apoio e reconhecimento do poder público no Brasil. Criada em junho de 2003, a Secretaria Nacional de Economia Solidária (SENAES) tem o objetivo de "Promover o fortalecimento e a divulgação da economia solidária, mediante políticas integradas, visando a geração de trabalho e renda, a inclusão social e a promoção do desenvolvimento justo e solidário". Essas iniciativas buscam expressar uma nova lógica de ação pública de apoio às iniciativas econômicas solidárias como um direito e garantia de acesso ao trabalho digno, viabilizando o envolvimento e participação dessas organizações na gestão pública e no exercício do controle social.

Durante esses últimos anos foram implantadas diversas ações de formação, incubação, assistência técnica e assessoramento a Empreendimentos Econômicos Solidários. Por meio da Qualificação Social e Profissional da Economia Solidária foram e estão sendo beneficiados 11 mil trabalhadores(as) que atuam nas cadeias produtivas do artesanato, confecções, agroecologia, metalurgia, apicultura, fruticultura e piscicultura. Na cadeia produtiva de coleta e reciclagem de resíduos sólidos urbanos, estão sendo formados e recebendo assistência técnica mais de dez mil trabalhadores. Convém ressaltar que esse apoio contribui significativamente para a diminuição do desperdício e redução de danos ambientais. Também foram formados gestores de políticas públicas federais, estaduais e municipais e estão sendo implantados Centros de Referências em Formação de Economia Solidária (CFES), onde serão formados educadores populares, gestores públicos e agentes comunitários, na perspetiva de uma formação emancipatória de transformação dos sujeitos e da sociedade, visando a garantia da temática ambiental, principalmente no que se refere aos impactos gerados pelas atividades produtivas no ambiente e saúde do trabalhador.

A promoção do desenvolvimento local e economia solidária em comunidades pobres (quilombolas, rurais, indígenas, desempregadas dos grandes centros urbanos etc.) vem sendo realizada por meio da atuação de agentes de desenvolvimento, com o objetivo de fomentar a constituição de empreendimentos econômicos solidários, oportunizando a geração de trabalho e renda e o exercício de práticas autogestionárias. Esse processo todo é permeado por discussões sobre as identidades étnicas e culturais e a questão ecológica, como pressupostos do desenvolvimento local sustentável solidário, onde a produção, distribuição e preservação dos recursos naturais e sociais são condição para a construção de uma vida digna.

As incubadoras de economia solidária representam uma possibilidade concreta de articulação de demandas dos EES de desenvolvimento e disseminação de conhecimentos e tecnologias sociais apropriadas. Nos últimos anos, com a dinamização do Programa Nacional de Apoio às Incubadoras Tecnológicas de Cooperativas Populares (PRONINC) houve uma significativa ampliação das incubadoras nas universidades brasileiras. Em parceria com vários ministérios e órgãos do Governo Federal, essa ação permite que instituições de ensino se utilizem do conhecimento acumulado pela academia, por meio da disseminação de conhecimentos e tecnologias sociais apropriadas às realidades socioeconômicas e culturais. A colaboração com o Ministério da Saúde no PRONINC, por exemplo, possibilita a incubação de dezenas de cooperativas sociais com pessoas que sofrem transtornos mentais. Além disso, outras incubadoras públicas estão sendo criadas por governos estaduais e municipais.

Nessa mesma perspetiva, está em implantação a Política Nacional de Assistência Técnica aos Empreendimentos Econômicos Solidários. Estão sendo executados projetos de Apoio e Fortalecimento de Redes de Cooperação e de Núcleos Estaduais de Assistência

Técnica, beneficiando milhares de trabalhadores(as) nos segmentos da apicultura, algodão agroecológico, da coleta e reciclagem, entre outros. Parte das ações de assessoramento técnico e organizativo é direcionada aos processos de recuperação de empresas por trabalhadores em regime de autogestão. Nos processos formativos e de assessoria direta aos trabalhadores nas empresas recuperadas, são construídas coletivamente as orientações estratégicas nos processos de adequação dos processos de trabalho e das tecnologias disponíveis (equipamentos, organização dos processos ou linhas de produção, gestão do negócio etc.) às novas diretrizes de cooperação e de autogestão.

Considerando que a organização da comercialização é um dos principais desafios para viabilidade dos empreendimentos econômicos solidários, vêm sendo realizados esforços na construção de um Sistema Nacional de Comércio Justo e Solidário. Por meio do apoio a feiras, exposições, centrais de comercialização e lojas solidárias ocorrem avanços na sensibilização da sociedade sobre os benefícios do consumo ético e responsável. Estas iniciativas comerciais se pautam em relações de solidariedade e de justiça social, em contraponto ao monopólio da distribuição dos produtos e à imposição dos critérios e valores das grandes empresas.

Outras iniciativas estão relacionadas ao fortalecimento das finanças solidárias como estratégias de viabilizar o acesso ao financiamento não-especulativo de iniciativas socioeconômicas de caráter comunitário e associativo. O apoio aos Fundos Solidários e aos Bancos Comunitários de Desenvolvimento está orientado para uma perspetiva de promoção do desenvolvimento local sustentável e solidário por meio da geração de trabalho e renda em iniciativas econômicas solidárias em territórios vulnerabilizados pela pobreza. Visando facilitar e ampliar o acesso ao crédito para os empreendimentos econômicos solidários, tem havido esforços no sentido da criação e ampliação de programas e linhas de crédito, por meio do fortalecimento das cooperativas de crédito solidário.

No campo institucional, foram conquistados importantes espaços de participação e de interlocução com diversas políticas públicas do Governo Federal, ampliando as parcerias para fortalecimento da economia solidária. A interlocução da ES avançou em várias políticas setoriais, tais como: trabalho e renda, desenvolvimento social, segurança alimentar e nutricional, desenvolvimento territorial, saúde mental, segurança e cidadania, cultura, políticas para mulheres, igualdade racial, tecnologias sociais, educação de jovens e adultos, ensino tecnológico, pesca etc.

Ocorreu também a expansão de políticas públicas de economia solidária nos governos estaduais e municipais, inclusive com a criação de legislações e a implantação de conselhos, com o fortalecimento da Rede de Gestores de Políticas Públicas de Economia Solidária. Da mesma forma, a conquista de mecanismos de participação direta, como a realização de Conferências Públicas e a instalação e funcionamento do Conselho Nacional de Economia Solidária (CNES), são espaços privilegiados de diálogo e articulação de órgãos governamentais e da sociedade civil para o fortalecimento da economia solidária no Brasil.

Nesse contexto, para garantir a integração e a articulação entre os órgãos governamentais e a sociedade civil, foi proposta a criação de um Sistema Nacional de Economia Solidária.

O Sistema deverá ser composto por conselhos, fundos, conferências e órgãos executivos nos Municípios, Estados e União. Do ponto de vista da participação social, é preciso estimular à criação de esferas públicas, fortalecendo a participação e o controle social na formulação, desenvolvimento, acompanhamento, fiscalização e avaliação das políticas, para aperfeiçoá-las e legitimá-las socialmente. Todo esse processo levou ao amadurecimento de uma proposta de lei da Política Nacional de Desenvolvimento da Economia Solidária que está em debate na sociedade civil e nos órgãos governamentais.

Para grandes propósitos, grandes desafios!

De modo geral, as ações realizadas e os resultados alcançados indicam que ocorreram importantes avanços na constituição de políticas públicas de economia solidária no Brasil. É o resultado de processos de mobilização e de organização da economia solidária (em fóruns e redes) e do apoio decisivo do Governo Federal, com a criação da SENAES, em 2003.

No entanto, a economia solidária ainda carece de maior reconhecimento nas definições estratégicas do desenvolvimento, conforme fora sugerido pela primeira Conferência Nacional de Economia Solidária (I CONAES), realizada em Brasília, em 2006, com a finalidade de afirmação da "economia solidária como política e estratégia de desenvolvimento" (Brasil..., 2006). Apesar dos avanços nas prioridades e estratégias que orientaram a formulação de programas e ações, as políticas públicas de economia solidária são limitadas pela escassez de recursos e de estrutura. Com isso, as ações desenvolvidas não ganham escala para atender as demandas acumuladas dos empreendimentos econômicos solidários, sobretudo quando se trata do atendimento às suas necessidades de acesso às tecnologias sociais, capital de giro, de infraestrutura para produção e de acesso às estruturas adequadas de comercialização dos seus produtos e serviços.

Faz-se necessário, portanto, ampliar o espaço institucional da economia solidária nas políticas públicas. É fundamental a ampliação do destaque a ser dado à economia solidária nas definições estratégicas de planos de governos, como forma emancipatória de inclusão social com base na organização e fomento de iniciativas de trabalho associado, gerando renda e contribuindo para a redução das desigualdades sociais. Além disso, a economia solidária pode e deve ser reafirmada como orientação das atividades econômicas sustentáveis, de promoção do comércio justo e do consumo consciente, no âmbito do necessário esforço a ser realizado pela sociedade brasileira para redução dos danos ambientais e preservação da natureza.

Em 2010, o Conselho Nacional de Economia Solidária convocou a II Conferência Nacional de Economia Solidária (CONAES) diante da necessidade de fortalecer e aperfeiçoar as prioridades, estratégias e instrumentos efetivos de políticas públicas com o seguinte lema: "Pelo Direito de Produzir e Viver em Cooperação de Maneira Sustentável" (BRASIL..., 2010). Trata-se de um grande desafio, o de afirmar esse direito com a participação direta de diferentes setores ou segmentos organizados da sociedade, além da representação do poder público nas esferas municipal, estadual e federal.

Os 1800 participantes da etapa nacional da II CONAES tiveram a missão e a oportunidade de traçar as diretrizes e prioridades para o futuro próximo da economia solidária no Brasil, oferecendo subsídios na formulação e avaliação de políticas públicas. Ao final da II CONAES, foram produzidas e votadas centenas de resoluções para ampliar o reconhecimento das formas de organização econômicas solidárias pela sociedade e pelo Estado.

Foram aprovadas propostas para ampliação de acesso ao crédito (investimentos e capital de giro) para os empreendimentos, sobretudo com o fortalecimento das iniciativas de finanças solidárias (bancos comunitários, fundos solidários e cooperativas de crédito).

Outras proposições são relacionadas à ampliação do acesso ao conhecimento por meio da educação, da formação, do assessoramento técnico e das tecnologias sociais. A multiplicação das iniciativas de apoio e fomento à organização da produção sustentável, da promoção do comércio justo e solidário, e do consumo ético e responsável é outro desafio. Para tanto, faz-se necessária a atualização e a criação de leis e mecanismos que facilitem a formalização e funcionamento dos empreendimentos, considerando também os aspectos tributários e de acesso à seguridade social.

A orientação fundamental é avançar no sentido de tornar a economia solidária uma política de Estado, como direito de cidadania "às formas de organização econômica baseadas no trabalho associado, na propriedade coletiva, na cooperação e na autogestão, reafirmando a economia solidária como estratégia e política de desenvolvimento" (BRASIL..., 2010).

Referências

- BERTUCCI, Ademar de Andrade e SILVA, Roberto Marinho Alves. *Vinte Anos de Economia Popular Solidária*. Trajetória da Cáritas Brasileira dos PAC's à EPS. Brasília (DF): Cáritas Brasileira, 2003.
- BRASIL. Secretaria Nacional de Economia Solidária. *I Conferência Nacional de Economia Solidária*. Anais. Brasília: SENAES/MTE, 2006.
- BRASIL. Secretaria Nacional de Economia Solidária. *Atlas da economia solidária no Brasil. Brasília:* SENAES/MTE, 2007. Acesso em www.sies.mte.gov.br.
- BRASIL. Secretaria Nacional de Economia Solidária. *II Conferência Nacional de Economia Solidária*. Documento Base. Brasília: SENAES/MTE, 2010.
- FBES. Fórum Brasileiro de Economia Solidária. *IV Plenária Nacional de Economia Solidária: outra economia construindo outros desenvolvimentos*. Brasília: FBES, 2008. Acesso no www.fbes.org.br.

A dicotomia entre o social e o ambiental!
O que deve ter um peso maior na RSE?
As pessoas ou o ambiente?

Michael Hopkins
Presidente do Conselho de Administração da MHC International Ltd.

"A população, quando descontrolada, aumenta numa progressão geométrica. Os meios de subsistência aumentam apenas numa progressão aritmética. Nos próximos vinte e cinco anos, é impossível supor que se quadruplique a produção... dentro de dois mil anos a diferença seria quase incalculável, apesar de a produção nessa altura ter aumentado imenso."
[Thomas Malthus, 1798] [1]

"Se todas as pessoas no mundo inteiro consumissem recursos naturais ao mesmo ritmo que os habitantes do Reino Unido, seriam necessários três planetas. Por essa razão, é necessário aprendermos rapidamente a viver com o planeta que temos. Mas será possível vivermos de uma forma sustentável e confortável sem consumirmos excessivamente os principais recursos do nosso planeta?" [TVE Earth Report 2009] [2]

Sinopse

As empresas e o público, em geral, são bombardeados com a necessidade de se tornarem mais ecológicos – reduzir as emissões de carbono, comprar produtos locais e orgânicos, não desperdiçar água – e não é de admirar que a parte "social" da RSE (Responsabilidade Social das Empresas) tenha vindo a perder a atenção que merece.

[1] Thomas Malthus: "Ensaio sobre o Princípio da População", Londres, Publicado para J. Johnson, na St. Paul's Church-Yard, 1798. http://www.esp.org/books/malthus/population/malthus.pdf.
[2] http://www.tve.org/earthreport/archive/doc.cfm?aid=835 (21 de outubro de 2010).

Introdução

O mais poderoso movimento social a insistir na responsabilidade das empresas tem sido o ambientalista. Este movimento é composto por dois grupos distintos, os "castanhos" e os "verdes", sendo que os primeiros abordam problemas como a poluição industrial e os resíduos nucleares, e os segundos abordam questões como a biodiversidade, a proteção de florestas, plantas e animais. Mas será que os ambientalistas foram longe demais? Será que o debate se centrou em demasia nas questões ambientais e descurou graves problemas económicos e sociais? Ora vejamos.

Antigas preocupações

As preocupações sobre possíveis limites ambientais ao desenvolvimento da Humanidade são tão antigas como a própria civilização. Platão, em "Crítias", lamentava que as atividades agrícolas tivessem transformado o solo de Ática nos "ossos de um corpo devastado... tendo as partes mais ricas e macias do solo desaparecido, restando apenas o esqueleto". No entanto, a origem do atual debate sobre desenvolvimento sustentável remonta há pelo menos dois séculos, quando Thomas Malthus caracterizou o bem-estar do ser humano em termos da relação existente entre os recursos ambientais e a população humana[3]. A avaliação de Malthus era desoladora, pois encarava a produção de alimentos como um recurso limitado que não poderia ser aumentado de forma rápida o suficiente para acompanhar o ritmo do crescimento populacional. Esta concepção foi rapidamente refutada por aqueles que argumentavam que o sistema socioeconómico se ajustaria automaticamente através do mecanismo dos preços, ajustando os salários, e assim por diante. Dentre os últimos, destaca-se a visão do economista clássico, Adam Smith, que rivalizava com a de Malthus, afirmando que uma "mão invisível" nortearia os mercados de forma a dar resposta à escassez de recursos. Tal debate manteve-se dentro dos mesmos limites desde então; o debate é caracterizado por Burton e Kates:

"Na sua forma mais extrema, um pólo é determinista em relação à natureza, malthusiano na preocupação com a adequação dos recursos, e *ecologista* na ação política. O pólo oposto é *oportunista* na atitude em relação à natureza, otimista na forma de encarar a evolução tecnológica e a suficiência de recursos, e maioritariamente preocupado com problemas técnicos e de gestão do desenvolvimento."

Não é nenhum segredo que aqueles que pertencem à "escola de pensamento do desenvolvimento sustentável" tendem a posicionar-se junto do primeiro pólo; ao passo que aqueles que pertencem à "escola de pensamento do desenvolvimento humano", de que este autor faz parte, tendem a posicionar-se próximo do segundo pólo mas mantendo um olhar atento e liberal em relação ao primeiro.

---

[3] Thomas Malthus, op.cit. na nota de rodapé [1].

Ambos os pólos têm sido clara e amplamente defendidos na literatura. A escola ecologista sofreu um grande impulso com a publicação, em 1962, do livro "Primavera Silenciosa"[4], da autoria de Rachel Carson, que tornou claro para muitas pessoas a existência de um limite à capacidade da biosfera de tolerar a atividade humana irrefletida. Dez anos mais tarde, na Conferência das Nações Unidas sobre o Ambiente Humano, realizada em Estocolmo, foi declarada a necessidade de se defender e melhorar o ambiente humano para as atuais e futuras gerações, um objetivo a ser alcançado em conjunto com a paz e o desenvolvimento económico e social, a nível mundial. Os arautos da desgraça malthusianos foram fortemente encorajados pela publicação do livro "Os Limites do Crescimento" [5], da autoria de Donella H. Meadows, Denis L. Meadows, et al., em que se concluía, usando um modelo do mundo baseado na dinâmica de sistemas, que a combinação do aumento da população e a limitação de recursos conduziria a um aumento da poluição e à diminuição catastrófica da qualidade de vida em meados do próximo século.

Esta visão foi fortemente refutada no livro "Thinking About the Future", da autoria de uma equipa da Universidade de Sussex de que H. Cole era membro, e que se baseou sobretudo em argumentos "oportunistas". Apesar de a noção de sustentabilidade ter sido utilizada na Conferência de Estocolmo e no livro "Os Limites do Crescimento", foi a Comissão Mundial para o Ambiente e o Desenvolvimento (CMAD) liderada pela primeira-ministra norueguesa de então, Gro Harlem Brundtland, e a publicação do seu livro "O Nosso Futuro Comum"[6], que estimularam as recentes preocupações com o desenvolvimento sustentável.

Em junho de 1992, a Conferência das Nações Unidas sobre Ambiente e Desenvolvimento, mais conhecida por Cimeira da Terra, proporcionou um maior ímpeto ao desenvolvimento sustentável através da adoção da Agenda 21, que contém aproximadamente 600 páginas.

Uma das maiores vozes em representação do setor empresarial foi o Conselho Empresarial Mundial para o Desenvolvimento Sustentável (WBCSD), uma coligação de mais de 120 empresas que partilham o compromisso para com o ambiente, o crescimento económico e o desenvolvimento sustentável, com os seus membros em mais de 36 países e de 20 dos maiores setores industriais.

Devido ao retumbante mandato político para implementar o desenvolvimento sustentável na Cimeira do Rio, instalou-se alguma confusão desde então sobre o que está verdadeiramente em causa. Como é óbvio, o Relatório Brundtland e a Cimeira da Terra tentaram reconciliar os dois pólos de pensamento numa posição de compromisso.

Tal situação levou uma comentadora, Sara Parkin, a afirmar no seu livro, "Green Futures", que um tal objetivo era contraproducente, pois implicava que o desenvolvimento sustentável

---

[4] Nota do Tradutor: "Primavera Silenciosa" / Rachel Carson; Lisboa: Editorial Pórtico, 1966.
[5] Nota do Tradutor: "Os Limites do Crescimento" / Donatella H. Meadows; Lisboa: Dom Quixote, 1973.
[6] Nota do Tradutor: "O Nosso Futuro Comum" / Comissão Mundial para o Ambiente e o Desenvolvimento; Lisboa : Meribérica/Liber, 1991.

fosse impulsionado por um aumento do crescimento económico, e foi precisamente este tipo de estratégia de desenvolvimento, atualmente seguida nos países ricos e pobres, que provou ser insustentável. Herman Daly e John Cobb assinalaram também este compromisso, e consideraram que uma das razões para a unanimidade no apoio ao Relatório Brundtland e ao seu conceito de desenvolvimento sustentável foi precisamente este ter permanecido bastante vago. Não se estabeleceu uma diferença entre desenvolvimento e crescimento, nem entre sustentabilidade forte ou fraca.

Será que a vertente ambiental da RSE foi sobrevalorizada?

É certo que Al Gore realizou um excelente trabalho ao colocar o ambiente no topo dos assuntos da ordem do dia – e, se tivesse empreendido o mesmo esforço numa questão social importante quando teve oportunidade, o mundo estaria atualmente numa situação muito melhor. Estou-me a referir às eleições realizadas em 2000 quando se deu por vencido precocemente, após ter obtido a maioria dos votos da população e de saber que a votação no estado da Florida tinha sido fortemente manipulada. Se tivesse lutado e recusado aceitar a derrota até à recontagem dos votos estar concluída, não teria ocorrido um dos maiores desastres do novo século – a guerra do Iraque que se estima que tenha custado 3 milhões de milhões de dólares e milhões de vidas. Os ataques de 11 de Setembro teriam, mesmo assim, ocorrido mas estaríamos numa posição moral mais confortável em relação ao terrorismo do que aquela em que nos encontramos atualmente, após a desastrosa passagem de Bush pela Casa Branca. É isto que quero dizer quando advirto para o facto de as questões sociais não deverem ser completamente dominadas pelo debate ambiental.

Num inquérito, realizado pela McKinsey[7] a nível mundial, sobre o impacto das questões sociopolíticas nas empresas, mais de metade dos inquiridos escolheu o ambiente, incluindo as alterações climáticas, como uma das três questões que mais irão atrair a atenção da opinião pública e do setor político nos próximos cinco anos, comparado com 31 por cento no anterior questionário.

As alterações climáticas (em substituição do aquecimento global) são, claramente, um dos principais assuntos na ordem do dia. Surpreendentemente, a prova de que as emissões de carbono são causadoras do aquecimento global ainda continua a ser alvo de contestação.

Por exemplo, John Christy[8], professor de Ciências da Atmosfera na Universidade do Alabama, acredita que a ciência não é totalmente fiável porque a previsão é uma ciência "inexata" e refere que "a capacidade de responder à pergunta sobre quanto do aquecimento ocorreu devido ao aumento nos gases com efeito de estufa e o que esperar no futuro é algo que ainda se encontra envolto em grande incerteza, na minha perspetiva".

---

[7] "Assessing the impact of societal issues: a McKinsey Global Survey" (novembro de 2007).
[8] Citado pela BBC, a 13 de novembro de 2007. Consultar: http://news.bbc.co.uk/2/hi/science/nature/7081331.stm.

A minha opinião, tal como a de muitos outros, é que o assunto constitui uma ameaça demasiado significativa e que devemos encaminhar 1% do PIB por ano para ações globais de defesa ambiental, tal como foi sugerido no Relatório Stern. Mas devemos ser razoáveis e agir onde possam ocorrer os maiores impactos.

As questões ambientais são relativamente consensuais e não justificam tanta celeuma.

Durante a Guerra Fria, a única instituição internacional existente nos anos 70 que fazia a ponte entre o Ocidente e o Leste era o Instituto Internacional de Análise de Sistemas Aplicados (IIASA)[9]. Situava-se nos arredores de Viena e procurava aplicar a técnica de análise de sistemas aos problemas ambientais transfronteiriços – uma questão que, na época, não era considerada de âmbito político! Atualmente, o IIASA trabalha na criação de modelos do aquecimento global e 17 cientistas do IIASA serviram de autores e revisores do 4º Relatório de Avaliação do Painel Intergovernamental sobre as Alterações Climáticas, recentemente concluído.

Defendi[10] recentemente numa publicação mensal que devemos escolher as nossas catástrofes mundiais com cautela!

Escrevi que "[...] ao combaterem a potencial catástrofe do Aquecimento Global, estarão a desviar a atenção da eminente catástrofe da pobreza e subdesenvolvimento?".

Frase: *Quando utilizo uma palavra, ela significa exatamente aquilo que eu pretendo, nem mais nem menos.*

Poderá a RSE ser o motor?

Acredito que a RSE pode ser o elo de ligação entre todos estes conceitos. A minha atual definição de RSE é "tratar os principais parceiros e partes interessadas da organização de forma responsável". Não vou aqui debater esta questão de forma exaustiva, dado que lhe dediquei um longo capítulo no meu livro "Corporate Social Resposibility and International Development – Is Business the Solution" (Earthscan, Londres, 2007). Existem, obviamente, inúmeras definições de RSE, de sustentabilidade, etc., mas pelo menos aqui é possível encontrar definições que fazem sentido e que se enquadram na maioria da literatura contemporânea (sem ofensa a Lewis Carrol, tal como a imagem descreve). A RSE abrange os principais parceiros e partes interessadas das instituições (privadas e públicas) bem como as principais áreas – social, económica e ambiental.

[9] http://www.iiasa.ac.at/docs/history.html?sb=3
[10] "Which Global Catastrophe" http://www.mhcinternational.com/corporate-social-responsibility/publications/csr-and-development-contd. html (12 de novembro de 2010).

De facto, as grandes empresas têm muito mais responsabilidades para além das habitualmente assumidas. Podem também, em alguns casos, influenciar negativamente algumas questões importantes[11]. Portanto, a minha tese principal é que as empresas não podem exagerar na vertente ambiental sem terem também em consideração algumas das mais importantes questões sociais e, obviamente, os seus problemas económicos de base. É óbvio que desejamos que as empresas tenham lucros, dado que se tal não suceder acabarão por definhar e morrer, o que não tem qualquer utilidade para os apoiantes da RSE – o que é importante é a forma como obtêm lucros, e não os lucros propriamente ditos. Os principais problemas sociais, as contrapartidas entre centrarmo-nos nos problemas ambientais ao invés de nos principais problemas sociais, e de que forma a degradação ambiental está ligada à privação social e pobreza extrema, foram analisadas mais pormenorizadamente noutro documento[12].

Assim, apelo a todos os que se preocupam com a futura catástrofe das Mudanças Climáticas, para que incluam ações para fazer face aos problemas Ambientais e *também* de Desenvolvimento Socioeconómico, dado que ambos estão intimamente ligados e, se não forem combatidos, terão graves implicações para todos nós.

Necessitamos de crises para agir?

A verdade pode ser difícil de aceitar mas, aparentemente, nós, seres humanos, agimos somente *após* a catástrofe e não antes. Por exemplo, o desenvolvimento sustentável significa melhorar a qualidade de vida dos seres humanos ao mesmo tempo que vivemos dentro dos limites da capacidade de absorção dos ecossistemas. E aqui reside o problema. Até que ocorra um colapso, não sabemos se estamos a viver dentro dos limites da capacidade de absorção dos ecossistemas, nem ninguém propôs um modo de o sabermos. A conclusão dos ecologistas é recorrer à extrema precaução na utilização de *qualquer* recurso natural, no caso de este desaparecer subitamente, mas esta abordagem não é aceitável para aqueles que vivem em absoluta e relativa pobreza, nem para os que maximizam os lucros nos países ricos.

No entanto, a visão alternativa de que aquilo que é necessário é apenas "estabelecer os preços corretos" é também arriscada. Propõe-se, nesta visão, mercados perfeitos que dão indicações de preços que permitem determinar que um recurso se está a esgotar, o que, por sua vez, proporcionará um impulso no sentido das possibilidades de substituição – uma visão defendida pela escola neoclássica de economistas. Foi alegado que os preços devem refletir todos os custos sociais marginais de oportunidade, e estar relacionados de forma clara com as questões de desenvolvimento humano. Contudo, na prática, tal é frequentemente ignorado e tem significado que muitos projetos de grande dimensão têm evitado os problemas ambientais.

---

[11] "CSR and the Death Trade" http://www.mhcinternational.com/corporate-social-responsibility/publications/csr-and-the-death-trade.html (12 de novembro de 2010).
[12] Michael Hopkins: "CSR and International Development – Is Business the Solution?" (Earthscan, Londres, Earthscan, outubro de 2008).

Tem, evidentemente, de existir um meio-termo, e o desafio consiste em desenvolver indicadores que nos permitam determinar quando nos estamos a aproximar dos limites. Caso contrário, a resposta normal do ser humano é ter de passar pela catástrofe antes de atuar.

Uma das principais razões para a economia e as empresas terem sido tão lentas a internalizar as externalidades ambientais (Goodman e Daly) prende-se com o facto de a economia tratar de escassez e de, até há bem pouco tempo, muitos bens ambientais não serem escassos. A escassez é o estímulo para a economia lidar com qualquer problema. Os bens ambientais tais como o ar puro, a água potável, a camada de ozono intacta e a biodiversidade tornaram-se escassos em diferentes períodos, mas sobretudo recentemente. A segunda razão resulta de muitos bens ambientais não terem preço, não podendo ser por isso transacionados. O paradigma predominante do mercado económico neoclássico funciona melhor com bens transacionáveis do que com bens não transacionáveis.

Nem tudo é negativo na relação entre as empresas e os grupos de defesa do ambiente, como poderia supor uma leitura superficial de qualquer jornal de maior tiragem. O investimento em carros híbridos por parte da General Motors (GM) é encorajador. Esta empresa trabalha com milhares de fornecedores de todo o mundo para obter uma poupança significativa através do aumento da eficiência energética e da redução da poluição. Este processo, que consiste em tornar mais ecológica a cadeia de valor, está a ser implementado em parceria com os governos, as ONG e grupos universitários, e também com fornecedores. A GM é também uma das 120 empresas que integram a Climate Wise, uma iniciativa do governo norte-americano que tem como objetivo implementar projetos que previnam a poluição e sejam energeticamente eficientes, ou seja, projetos que reduzem os custos operacionais ao mesmo tempo que reduzem as emissões ligadas às alterações climáticas a nível global.

É claro que integrar não é o mesmo que agir. No seguimento da cimeira realizada no Rio, num encontro que teve lugar em Nova Iorque no verão de 1997, os EUA defenderam uma redução do aquecimento global ao mesmo tempo que admitiam ser um dos principais responsáveis por aquele problema. Não foram lançadas novas iniciativas pelos Estados Unidos, no entanto, estes continuam a ser o maior consumidor de energia em todo o mundo. O mais preocupante é que a atual administração norte-americana abraçou inicialmente a necessidade de proteção ambiental mas, neste momento, devido ao niilismo republicano e à pressão exercida pelas empresas através da Câmara de Comércio norte-americana, recuou na elaboração de nova legislação que combata as alterações climáticas.

Mas nem tudo está perdido

No entanto, a crescente adesão das empresas à sustentabilidade empresarial leva-nos a pensar qual será a relação entre responsabilidade social das empresas e sustentabilidade empresarial? Como foi acima referido, a palavra sustentabilidade foi aceite pela primeira vez de forma generalizada no Relatório Brundtland em 1987, e, por essa altura, o conceito e o estudo do desenvolvimento sustentável praticamente não tinha saído do domínio de ambientalistas e ecologistas.

Mais recentemente, a palavra "sustentabilidade" passou a englobar a componente social e económica, para além da já tradicional componente ambiental. Consequentemente a escola de pensamento da sustentabilidade dividiu-se, de forma bastante confusa, em duas correntes. Sendo a primeira, a escola ecologista já descrita acima (que designo por "Sustentabilidade*") e a segunda que passou a incluir também a esfera social e económica (que designo por "Sustentabilidade**"). Sendo que, atualmente, quando se ouve falar em sustentabilidade empresarial, esta expressão significa que as empresas têm algo mais do que apenas uma política ambiental. Esta nova formulação da palavra "sustentabilidade" significa que a Cimeira das Nações Unidas sobre desenvolvimento sustentável, em Joanesburgo, em agosto de 2002, saiu fora do âmbito da escola ecologista passando a perspetivar os problemas através de uma "tripla abordagem".

Contudo, ainda continua por determinar se possuir valores como sustentabilidade ou responsabilidade melhora os resultados finais das empresas? As organizações com várias décadas de existência têm, de facto, valores sociais sólidos, tal como Collins e Porras demonstraram de forma impressionante no livro "Empresas de Sucesso"[13].

Assim sendo, deverá a expressão Responsabilidade Social das Empresas (RSE) ser substituída por Sustentabilidade Empresarial** (SE)? Há uma forte atração semântica nesse sentido, dado que é evidente que a noção de sustentabilidade possui uma aura de atratividade para os pressionados CEO que procuram manter, e aumentar, o valor para o acionista ao mesmo tempo que se tentam manter atentos à miríade de preocupações sociais. No entanto, a responsabilidade surge, no valor facial, relacionada com as coisas "bonitas" que uma empresa deve fazer, ao invés de pura e simplesmente se manter em atividade e trabalhar no valor para o acionista. Na realidade, a RSE e a SE são duas faces da mesma moeda.

A RSE define as responsabilidades sociais de uma empresa que, se implementadas, levarão a que essa empresa seja sustentada (Collins e Porras). A SE afastou-se dos aspetos exclusivamente ambientais e passou a englobar as preocupações sociais e económicas. Zadek concorda comigo quando alerta que "é pura e simplesmente ambíguo e enganador falar em «negócio sustentável»".

A palavra "sustentável", existente na expressão desenvolvimento sustentável, não possui o

---

[13] "Nota do Tradutor: "Empresas de Sucesso" / James C. Collins, Jerry I. Porras ; trad. J. Santos Tavares. Lisboa : Livros do Brasil, 1997. ISBN 972-38-1600-8.

mesmo significado que a "sustentabilidade" de um negócio privado, independentemente do seu desempenho social e ambiental.

Observações finais

A confusão gerada com o significado da palavra "sustentabilidade" leva-me a preferir a expressão RSE e os seus objetivos mais nobres, dado que aborda não só questões que contribuem para a sustentabilidade das empresas mas também as questões pelas quais as empresas são responsáveis. Se existem outros aspetos preocupantes no conjunto de instrumentos de que a RSE dispõe e que poderão, em última análise, proporcionar uma sustentabilidade de longo prazo em comparação com os instrumentos ao dispor da SE, é um aspeto que merece uma discussão mais aprofundada.

Existem preocupações de que estamos a ficar sem recursos, de que vamos necessitar do equivalente a três planetas para satisfazer a população mundial, isto se se mantiverem os atuais níveis de crescimento populacional e consumo de recursos. Em suma, o caminho que está atualmente a ser percorrido pelo planeta é insustentável. Estas não são preocupações novas, tal como demonstrei ao citar as preocupações de Thomas Malthus há vários séculos atrás. Por um lado, já esgotámos os recursos para os pobres deste mundo. Nas projeções para o futuro está subentendido que nós, os ricos deste mundo, também iremos sofrer.

Seja de que forma for, o argumento para que modifiquemos o nosso comportamento é convincente. Sem haver mudança, nós, os ricos, *poderemos* vir a sofrer. Se houver uma mudança, nós, os ricos, *não* iremos sofrer. Consequentemente, e seguindo o exemplo das conclusões do Relatório Stern, é melhor agir agora através de pequenas mudanças, evitando assim a provável catástrofe futura. Mas vamos agir com base em melhores modelos do que é necessário e que tenham em conta a substituição de recursos e as alterações tecnológicas, e não tanto em histórias malthusianas de arrepiar. Assim sendo, e citando a minha introdução "as pessoas ou o ambiente?", conclusão: é impossível prever o futuro, por isso é melhor trabalhar em ambas as hipóteses!!

Vencer as crises: Cinco desafios centrais para o desenvolvimento sustentável das empresas

Viriato Soromenho-Marques[1]
Coordenador científico do Programa Gulbenkian Ambiente

Os tempos estão difíceis para quem não esconda a cabeça na areia. O agravamento da crise económica e financeira, tornada irreversível em 2008, só poderá ocultar, temporariamente, a gravidade de uma crise mais estrutural e profunda, a crise global do ambiente, manifestada em particular através do complexo processo de consequências cada vez mais dantescas, designado por alterações climáticas.

Por entre a vasta literatura e as medidas frenéticas que os governos têm tomado para fazer face aos múltiplos castelos de cartas que se têm vindo a desmoronar, podemos distinguir entre aqueles que querem regressar o mais depressa possível ao estado de coisas anterior, e aqueles que percebem que há lições urgentes a reter se não quisermos cair num abismo ainda maior. A encruzilhada em que nos encontramos oscila entre o risco de colapso e a necessidade de, com olhos bem abertos, sermos capazes de vencer a crise.

Inspiração poderosa tem sido dada por países como a Coreia do Sul, dedicando mais de 80% do seu pacote económico de emergência de 2009 a medidas de promoção de uma economia sustentável e "verde", ou por autores como Nicholas Stern, e Tim Jackson, e outros, apontando os caminhos para uma nova ordem económica baseada na refundação da ligação entre o tecido económico e o ambiente[2]. Contudo, apesar das incertezas, há já algumas lições que as empresas não podem esquecer, se quiserem ser atores sociais na luta contra a crise global contemporânea.

Os desafios que esta breve reflexão identifica seriam, apenas há uns anos atrás, respondidos com maior probabilidade

---

[1] Viriato Soromenho-Marques é professor catedrático de Filosofia Universidade de Lisboa, Coordenador científico do Programa Gulbenkian Ambiente. Conselheiro do Presidente da Comissão Europeia para a Energia e Alterações Climáticas. Membro da Academia de Ciências de Lisboa. É autor de mais de três centenas de publicações. Para mais informações: www.viriatosoromenho-marques.com.
[2] Nicholas Stern, *O Desafio Global*, Lisboa, Esfera do Caos, 2009; Baptiste Mylondo (ed.), *La Décroissance Économique. Pour la Soutenabilité Écologique et l'Équité Sociale,* Broissieux, Croquant, 2009 ; Tim Jackson, Prosperity without Growth. *Economics for a Finite Planet*, London-Sterling-VA, Earthscan, 2009; European Climate Foundation, *Roadmap 2050. A Practical Guide to a Prosperous Low-Carbon Europe,* 2010.

no espaço territorial dos países da OCDE. Contudo, sabemos hoje que a emergência de novos atores na cena internacional também se traduz na expansão da capacidade de inovação ao nível do tecido empresarial de países como o Brasil, a China ou a Índia, entre outros. A procura da sustentabilidade já não é uma atividade que se restrinja à esfera empresarial dos países europeus e dos EUA. Tornou-se uma demanda de alcance universal, cuja urgência se amplia dada a crescente incapacidade de os governos serem capazes quer de articular políticas públicas adequadas, quer de produzir regimes internacionais à altura dos desafios (como se viu a fracassada cimeira de Copenhaga, em dezembro de 2009).

A resposta à pergunta pelo desenvolvimento sustentável, quando colocada no quadro de uma cultura empresarial, passa pelo assumir dos cinco desafios centrais.

Primeiro Desafio: A Urgência de Regulação Económica

Um dos principais perigos para o ambiente, mas também para a competitividade das empresas em todo o mundo, é a atual crise de regulação das atividades económicas. Depois de décadas em que a economia de mercado foi ameaçada pela ideologia bolchevista, que tentou realizar, com uma impressionante ineficiência burocrática, uma utopia igualitária, parece que estamos hoje avassalados por um novo extremismo, uma espécie de "fundamentalismo do mercado livre", que ameaça destruir o tecido empresarial e os empregos em vastas zonas do planeta. O velho bolchevismo acreditava cegamente no sentido inelutável da história, o novo fundamentalismo acredita piamente que o mercado livre é capaz de se autorregular da forma mais eficiente, praticamente sem intervenção dos Estados e dos seus normativos jurídicos.

O resultado desta nova ideologia é dramático. Por exemplo: a ausência de disciplina no mercado energético conduziu à maior e mais prolongada carestia dos combustíveis fósseis, acompanhada por uma crise alimentar em 2007 e 2008; a ausência de critérios de equidade no comércio internacional ameaça produzir uma nova vaga de protecionismo, que nem os frequentes encontros do G-20 parecem estar em condições de evitar. Os governos mostram-se hoje impotentes para apresentar e defender uma estratégia de longo prazo. A própria qualidade da liderança política não ultrapassa a nota medíocre na Europa, e foi francamente má nos EUA, até à vitória de Barack Obama.

Para muitas empresas a demissão dos governos das suas responsabilidades no domínio das políticas públicas, e a ausência de uma regulação económica e comercial clara significam:

- Incapacidade de colocar a economia de mercado verdadeiramente ao serviço dos objetivos de uma sociedade melhor, que só os governos democráticos e legítimos podem determinar.
- Competição desleal favorecendo as empresas que no mercado nacional ou mundial causam externalidades negativas, tanto ambiental como socialmente.

- Ausência de estímulo nas políticas públicas para as empresas que investem na inovação, nas tecnologias limpas e numa atitude de responsabilidade social para o interior das empresas e nas comunidades onde estas se inserem[3].

Segundo Desafio: Compreender a Natureza Plural do Capital

Empresas sustentáveis são aquelas que conseguem valorizar o seu capital em todas as suas dimensões. Sobretudo nas duas dimensões mais esquecidas, a humana e a natural (ver tabela nº1).

TABELA N.º1: A ESTRUTURA INTERNA DO CAPITAL [4]
Capital humano: trabalho, inteligência, cultura e organização.
Capital financeiro: recursos monetários e instrumentos de investimento.
Capital manufaturado: infraestruturas, máquinas, instrumentos, instalações.
Capital natural: recursos naturais, sistemas vivos, ecossistemas e respetivos serviços.

O contributo das empresas para o desenvolvimento sustentável da sociedade e para a sua própria durabilidade como agentes económicos implica uma radical valorização do *capital natural*, o que só é possível através da investigação, da inovação, da formação constante dos quadros e colaboradores da empresa. A aprendizagem de novas metodologias e de novos processos de trabalho é, no fundo, a aposta, também, na valorização do *capital humano*.

Terceiro Desafio: Colocar o Acento Tónico na Produtividade dos Recursos

A demanda pela sustentabilidade deve traduzir-se, também, num repensar do conceito de produtividade. Se colocarmos o foco na produtividade dos recursos, poderemos alargar o nosso olhar para realidades que só mais dificilmente são compreendidas quando nos limitamos, como é tradicional, a pensar na produtividade do trabalho.

Há quase duas décadas que assistimos à produção de ensaios e experiências inovadores e com um potencial verdadeiramente revolucionário, que nos alertam para o escândalo da sociedade de desperdício em que nos encontramos[5]. Existem hoje condições para, tendo em conta o atual valor da riqueza produzida, reduzir em quatro, ou mesmo em dez vezes, a quantidade de matérias-primas e energia consumidas, bem como a quantidade de resíduos para destino final, não só nos nossos processos industriais, mas também na agricultura e nos transportes.

---

[3] Robert U. Aires (ed.), *Eco-restructuring: Implications for Sustainable Development,* Tokyo/New York/Paris, United Nations University Press, 1998, pp. 46-49.
[4] Paul Hawken, Amory B. Lovins e L. Hunter Lovins, *Natural Capitalism. The Next Industrial Revolution,* London, Earthscan, 2004, p. 4 e segs.
[5] Ernst von Weizäcker, Amory B. Lovins e L. Hunter Lovins, *Factor Four. Doubling Wealth, Halving Resource Use,* London, Earthsan, 1998.

Mas para isso é necessário:

- Um sistema fiscal que penalize os desperdícios e estimule a eficiência e inovação.
- A generalização de taxas, fiscalmente neutras, que aliviem o trabalho e o lucro, em detrimento do desperdício de capital natural.
- Redução do desperdício através da adoção do que poderemos designar como biodesign, a imitação inteligente dos processos naturais, compreendendo todo o ciclo do produto e da produção, favorecendo a valorização do capital natural através da criação de materiais que sejam duráveis, reutilizáveis e recicláveis.
- Favorecimento dos produtos multifuncionais, como, por exemplo, os edifícios que são capazes não só de oferecer habitação como produzir energia, oxigénio e água.

Quarto Desafio: Do Paradigma da Mercadoria para o Paradigma do Fluxo de Serviços

Vivemos de tal modo amarrados à economia das coisas que nos esquecemos que o essencial para o bem-estar humano são os serviços associados às coisas. A máquina de lavar só importa por nos permitir usar roupa lavada, o automóvel vale sobretudo por nos possibilitar uma deslocação rápida.

Não é fácil imaginar na sua plena amplitude o conjunto de consequências positivas para o nosso estilo de vida se os produtores – em muitos domínios da vida quotidiana –, em vez de apenas venderem produtos aos consumidores, vendessem sobretudo *um fluxo contratualizado de serviços associados aos produtos*, sem jamais perderem, no decurso da vigência do referido contrato, o direito de propriedade sobre os mesmos.

Isso significaria, entre outros resultados, que a aposta dos produtores seria sobretudo na qualidade e durabilidade dos produtos, com uma extraordinária diminuição dos incentivos à lógica do desperdício. Para além disso, essa mudança do paradigma da mercadoria para o paradigma do fluxo de serviços estabilizaria de modo extraordinário as relações entre produtores e consumidores, introduzindo mais previsibilidade e racionalidade no ciclo económico, com vantagens para o ambiente, as empresas, os trabalhadores e os consumidores[6].

Quinto Desafio: Compreender o Desenvolvimento Sustentável como um Processo

Ao contrário do que é habitualmente afirmado o essencial no conceito de desenvolvimento sustentável não é traduzido pela imagem de um triângulo em que os três vértices são constituídos pelas dimensões ambiental, económica e social, estabelecendo entre si uma relação concorrencial do tipo dos jogos de soma nula.

---

[6] William McDonough e Michael Braungart, *Cradle to Cradle: Remaking the Way We Make Things*, New York, North Point Press, 2002.

Tanto na sociedade como nas empresas, torna-se imprescindível compreender a sustentabilidade como um processo de cooperação ativa em que os diferentes elementos intervenientes participam em soluções sinergéticas de "ganhador-ganhador" (ver tabela n.º2).

TABELA N.º2: DESENVOLVIMENTO SUSTENTÁVEL COMO PROCESSO DE TRANSFORMAÇÃO [7]

Dimensão Político-Institucional: Traduz o consenso e a vontade política e operacional de mudança.

Dimensão Económica: Traduz a mudança na reprodução quotidiana das condições de vida numa perspetiva da sua continuação e qualificação.

Dimensão Ambiental: Traduz o quadro de conhecimento complexo que deve modelar a mudança (incluindo os limites e possibilidades abertos pela aplicação da nossa representação das leis naturais).

Dimensão Social: Traduz o projeto de futuro onde as relações humanas (e dos seres humanos com as outras criaturas e ecossistemas) ocupam um lugar central.

Para o efeito torna-se indispensável introduzir uma quarta dimensão que é, no plano social, a capacidade político-institucional e nas empresas a capacidade de gestão estratégica na determinação do rumo, e na manutenção de uma cultura empresarial aberta aos desafios da sustentabilidade. Com efeito, só com uma liderança forte e esclarecida poderemos esperar uma transição segura para o desenvolvimento sustentável. Tanto na sociedade como nas empresas.

As tarefas em aberto

Vivemos tempos de profunda incerteza. Navegamos em águas incógnitas. As empresas e os cidadãos encontram-se, em grande medida, sozinhos, pois um dos maiores défices que hoje enfrentamos é de liderança e orientação estratégica. Sintomas inquietantes, como foi o caso do fracasso da cimeira climática de Copenhaga, ou a tempestade que avassala o sistema monetário europeu, lançam dúvidas inquietantes sobre o futuro coletivo.

As empresas só poderão sobreviver como entidades produtoras de riqueza se forem, também, capazes de se assumirem como comunidades humanas, partilhando riscos, imaginação e criatividade. Mais do que nunca a ideia de cidadania empresarial deixou de ser uma nota de retórica para se transformar numa exigência crua e incontornável. Mais do que nunca, o caminho faz-se caminhando.

---

[7] Viriato Soromenho-Marques, *Metamorfoses. Entre o Colapso e o Desenvolvimento Sustentável,* Mem Martins, Publicações Europa-América, 2005.

A Empresa e a Biodiversidade:
Os Novos Desafios do Século XXI

Francisco Mendes Palma
Diretor do Espírito Santo Research e Administrador do Banco Espírito Santo Cabo Verde, SA

& Luís Ribeiro Rosa
Economista do Departamento de Research do Banco Espírito Santo

A diversidade biológica, entendida, de acordo com a Convenção da Diversidade Biológica – CBD, como a "variabilidade de organismos vivos de qualquer origem, nomeadamente, os ecossistemas terrestres, marítimos e outros ecossistemas aquáticos e os complexos ecológicos de que fazem parte; compreendendo a diversidade dentro de cada espécie, entre as espécies e dos ecossistemas", engloba toda a variedade de vida que ocorre no nosso planeta. É, precisamente, a abrangência do conceito, que encerra em si mesmo a origem da enorme dimensão e múltiplas dificuldades, que a sua abordagem, cientificamente sustentada e conceptualmente rigorosa, não pode deixar de levantar.

Se adicionarmos à natureza intrinsecamente complexa da realidade que se pretende compreender: a biodiversidade, a urgência dos problemas com que a humanidade se defronta ao nível do desenvolvimento económico – muito em particular na luta contra a pobreza, num mundo em que as restrições de natureza ambiental e ao nível da disponibilidade de recursos naturais surgem, com acuidade crescente, como ativas condicionadoras da continuidade do processo de crescimento económico –, facilmente nos apercebemos da necessidade de serem disponibilizados, aos mais diferentes níveis de decisão, elementos cuja natureza forçosamente holística não perca como referência prioritária a necessidade de dotar os decisores envolvidos de uma real capacidade interventora. A abrangência não pode ser elemento cerceador da possibilidade de desenvolver meios de avaliação e análise suscetíveis de proporcionar, aos Governos, às empresas e às ONG, capacidade de atuação adequada e atempada de molde a minimizar pegadas ambientais e potenciar oportunidades de conservação.

O relatório *The Economics of Ecosystems and Biodiversity* (TEEB), trabalho de fundo de avaliação do significado económico da perda global de biodiversidade, nascido da iniciativa da União Europeia e da Alemanha no contexto da cimeira do G8 (Potsdam, 2007), constituiu um importante passo neste sentido. Reforçando o conhecimento existente das inter-relações que se estabelecem entre a esfera económica e a biodiversidade, o relatório estima uma perda anual em serviços dos ecossistemas, sob um cenário de "business as usual", de aproximadamente EUR 50 mil milhões anuais, atingindo em 2050 uma perda de bem-estar acumulada equivalente a 7% do PIB mundial. É objetivo primeiro deste estudo evidenciar que a Economia constitui um poderoso instrumento para o desenvolvimento de eficazes e bem fundamentadas políticas para a biodiversidade, melhor promovendo o alcance das metas definidas pela CBD, a nível global, e pela União Europeia, para o espaço comunitário.

O facto de ser hoje reconhecido – *Global Biodiversity Outlook 3* – não ter sido alcançada uma significativa redução do ritmo de perda de biodiversidade em 2010, à escala global, local e regional, objetivo a que se tinham proposto as partes signatárias da CBD, constitui um alerta adicional para a necessidade de manter a atenção da comunidade internacional centrada na importância de dar continuidade e, eventualmente, reforçar todo o esforço necessário para que seja evitada a ultrapassagem dos limites da natureza, com os decorrentes efeitos, potencialmente devastadores, que tal facto implicaria para a vida na terra tal como hoje a conhecemos.

A importância económica da biodiversidade e dos ecossistemas está a adquirir uma maior visibilidade e uma atenção crescente por parte dos Governos, das empresas e dos cidadãos.

A preservação da biodiversidade é reconhecida como um fator incontornável na luta contra a pobreza, sendo uma condição necessária para a sustentabilidade do crescimento económico e, consequentemente, para a preservação e criação de emprego.

Naturalmente, neste contexto, encontra-se hoje consolidada a perceção clara do papel central que está reservado às empresas enquanto agentes de produção, de consumo e de investimento, no esforço global para a preservação da biodiversidade.

Independentemente da maior ou menor consciencialização destes agentes sobre a importância de que se revestem as questões da biodiversidade na sustentabilidade da sua gestão, esta dimensão da sua atividade, quer pelos riscos que comporta para o negócio, quer pelas potencialidades que encerra, tem lugar reservado enquanto elemento determinante do seu desempenho futuro. Obviamente, o teor das incidências sofridas, o horizonte temporal das mesmas e, até, o quadro de interdependência em que se colocam, variam setorial e geograficamente, mas não deixarão de se colocar.

As empresas são apontadas como elementos de primeiro relevo na luta contra a pobreza.

O *Sustainability Survey* 2010 (*SustainAbility, Globescan*) coloca-as imediatamente a seguir aos Governos dos países desenvolvidos e em desenvolvimento, como determinantes para alcançar os Objetivos de Desenvolvimento do Milénio. Estes Objetivos, que definem em primeiro lugar a luta pela erradicação da pobreza e da fome como meta a atingir, definem também um quadro preciso de objetivos ambientais, sociais e institucionais, entre os quais, o objetivo número sete – Garantir a sustentabilidade ambiental, considera expressamente a preservação da diversidade biológica como uma meta a alcançar. A relação entre biodiversidade e pobreza é particularmente evidente pela sobreposição existente entre os mapas da pobreza mundial e da distribuição da biodiversidade no planeta. Este facto patenteia a maior dependência direta em que significativas parcelas da população dos países em desenvolvimento se encontram dos serviços dos ecossistemas. As empresas de escala mundial e as empresas dos países em desenvolvimento, em particular, são elementos fundamentais a mobilizar para a conservação da biodiversidade, uma vez que a sua atuação, direta, no "terreno" em que a pobreza e a biodiversidade se cruzam, pode constituir um fator determinante não só para a redução de impactos ambientais observados, como, também, enquanto possíveis beneficiários dos serviços dos ecossistemas ou agentes promovedores de conservação, para o desenvolvimento de arranjos institucionais que a potenciem.

O facto de as políticas económicas e os mercados, em que as empresas operam, considerarem de forma deficiente os valores associados à biodiversidade e à conservação dos ecossistemas é apontado como um dos principais responsáveis pela dificuldade sentida em intensificar o envolvimento das empresas na luta pela preservação da biodiversidade à escala europeia e mundial. Sempre que uma atividade económica tem um impacto ambiental, afetando com isso o bem-estar de terceiros, sem que a perda ou ganho daí decorrente seja objeto de transação no mercado, dizemos que estamos na presença de uma externalidade. São situações em que o sistema de preços, sinalizador da afetação de recursos numa economia, se comporta de forma imperfeita. Não há uma falha do sistema económico enquanto fornecedor à sociedade dos bens e serviços que ela mais valoriza, o que falha é o sistema de preços subjacente a essas valorizações, consequentemente distorcendo as afetações observadas. Contudo, o facto de ser dificilmente materializável a ligação que se estabelece entre os serviços dos ecossistemas e os riscos subjacentes à sua degradação, ou mesmo interrupção súbita, com o tecido económico, não permite ignorar a evidência desse vínculo.

As empresas, sendo elos primeiros desta relação entre a economia e a natureza, têm sido palco de múltiplos exemplos de progressiva integração das questões da responsabilidade ambiental nos modelos de gestão, no *core* das respetivas estratégias, na consciência plena de que não se trata mais de uma manifestação de "boa vontade" ou um gesto filantrópico, mas de algo essencial para o seu crescimento bem sucedido no longo prazo.

Uma empresa que se autodispense de um esforço sério de compreensão dos riscos e oportunidades que a biodiversidade lhe coloca é uma empresa que se poderá ver dispensada, a prazo – pelos seus clientes, pelas comunidades ou pelos reguladores –, de ser um ativo participante nos mercados em que se insere. Há que compreender e identificar como a atividade empresarial incide sobre a biodiversidade ao longo de toda a cadeia de valor e, no sentido inverso, como a biodiversidade influencia a competitividade das empresas. As empresas têm que desenvolver o necessário *know-how*, internamente ou pelo recurso a consultoria externa, para compreender os níveis de exposição da performance empresarial à perda de biodiversidade e degradação dos serviços dos ecossistemas, como é o caso do acesso à água ou a resiliência face às alterações climáticas, e adotarem as medidas necessárias não só para se protegerem face a esses riscos como para detetarem as oportunidades que lhes possam estar associadas.

Todavia, à imagem do decisor individual que nas diferentes situações em que é colocado na vida corrente responde ao quadro particular de incentivos em que se movimenta, as empresas, mesmo num quadro de responsabilidade empresarial, nos seus processos de tomada de decisão, não deixam de refletir em larga medida o conjunto de incentivos que lhe são transmitidos pelos mercados. O facto de as políticas económicas e os mercados considerarem de forma deficiente os valores associados à biodiversidade e à conservação dos ecossistemas tem sido um elemento determinante para a sua excessiva degradação ao longo do tempo. A redução das falhas de mercado, locais e globais, através da valorização e incorporação das externalidades (regularização e caudais, qualidade da água e do ar, regulação do clima ou recursos genéticos) no nosso sistema económico, é um elemento fundamental para alterar o quadro de incentivos dirigido às empresas levando-as a adotarem, de forma generalizada e reiterada, decisões compatíveis com a conservação da biodiversidade.

Se adicionarmos a este conjunto de falhas de mercado a ocorrência de intervenções públicas desajustadas (definição deficiente dos direitos de propriedade, subsídios com efeitos perversos não antecipados, má governação), o conhecimento limitado que ainda hoje temos do valor do capital natural (em particular dos ecossistemas marinhos), as incertezas quanto aos limiares ecológicos com que nos confrontamos (a partir dos quais se assistiria à drástica redução dos serviços dos ecossistemas) e a deficiente compreensão do valor funcional da biodiversidade (nomeadamente, da forma como ele é afetado por variações ao nível da diversidade genética, das espécies, dos habitats e dos ecossistemas), então, facilmente se compreende que a evidência da dimensão do problema que a perda de biodiversidade representa se confronta com um conjunto de falhas, incertezas e desconhecimentos que em muito tem obstado a uma gestão eficiente deste novo ativo, desta nova responsabilidade, com que os agentes económicos estão confrontados: a biodiversidade.

É uma nova realidade, que não se compadece perante uma gestão do capital natural como se de um bem público se tratasse, uma vez que o quadro global em que tal gestão ocorria se viu profundamente alterado pelo intenso processo de crescimento económico e demográfico a que assistimos nas últimas décadas. A um novo contexto impõem-se novas respostas. Um novo contexto, em que a biodiversidade não pode ser gerida como o bem público que já não é, obriga os decisores, nos múltiplos cenários em que se encontram envolvidos, a atender a três dimensões fundamentais da problemática da biodiversidade: Quais os valores em presença? Quais as principais ameaças? Quais os modelos de articulação a promover suscetíveis de potenciar a captura dos valores económicos revelados?

A captura dos valores económicos associados à biodiversidade pode passar por uma multiplicidade de modelos de pagamento aos responsáveis pela sua conservação. O relatório, lançado em Outubro de 2010, pelo *Global Canopy Programme*, identifica dezoito conjuntos de mecanismos suscetíveis de veicular rendimentos/financiamentos para a conservação da biodiversidade. Estes mecanismos distinguem-se entre si pelo seu âmbito temporal (curto, médio ou longo prazo), pelo seu âmbito geográfico, pelo recurso a soluções de mercado/provisão privada, pela atribuição dos direitos de propriedade e pelo tipo de valores financiados. Mesmo nas situações em que o financiamento é predominantemente efetuado pelos orçamentos públicos, a principal fonte de financiamento atual, assiste-se a um crescente envolvimento dos agentes privados (é o caso de medidas agroambientais no âmbito da PAC – Política Agrícola Comum da União Europeia). Num contexto de soluções mais próximas dos mercados convencionais encontram-se desde os projetos tipo PES – *Payment for Ecosystem Services*, situação em que os beneficiários desses serviços remuneram diretamente aqueles que lhes permitem beneficiar desse usufruto, até soluções do tipo *cap-and-trade*, em que se desenvolvem mercados que possibilitam a internalização dos benefícios proporcionados a terceiros por parte dos agentes económicos responsáveis pela conservação da biodiversidade.

Novos mercados para serviços dos ecossistemas criam novas oportunidades que, não substituindo outras formas tradicionais de compensação, procuram caminhar na direção de uma progressiva apropriação dos valores proporcionados por parte dos provedores de serviços da biodiversidade, mobilizando recursos de áreas da atividade económica que, sendo beneficiárias desses serviços, não eram tradicionalmente chamadas à respetiva remuneração. Existem diversos exemplos nos Estados Unidos da América (*Water Quality Trading, Wetland Mitigation Banking, Species Conservation Banking*), na Austrália (*Biobanking*), mas também no Brasil, no Canadá, no Reino Unido, na Costa Rica ou no México. Todos representam experiências importantes a partir das quais se poderá, na plena consciência das dificuldades subjacentes – os processos ecológicos são muito complexos, interdependentes e com muitas áreas de desconhecimento – caminhar no sentido de capturar novos aliados para o cumprimento de um desafio global: a sustentabilidade do processo de desenvolvimento económico.

O envolvimento do setor privado, numa lógica de mercado, potencia o retorno sobre eventuais apoios públicos ou privados, permitindo beneficiar do efeito *leverage* diretamente associado à mobilização do investimento privado e indiretamente possibilitado pela maior garantia de futura continuidade e provável replicabilidade dos projetos encetados. De facto, o envolvimento de um privado, num contexto de mercado, só ocorrerá quando forem criadas condições de viabilidade comercial para atrair essa presença, constituindo-se em elemento aliciador para que outros operadores sejam atraídos para o fornecimento de um determinado serviço ambiental. Simultaneamente, um ambiente de maior competitividade traduz-se tipicamente numa maior consistência na busca das melhores práticas de gestão e eficiência de processos.

Uma das áreas de financiamento da conservação da biodiversidade para a qual se perspetiva um maior potencial de crescimento na próxima década é a do Investimento Socialmente Responsável - SRI. A capacidade de uma empresa oferecer uma variedade de produtos neste âmbito pode ser um fator determinante na atração de novos investidores. O SRI vai sendo progressivamente entendido, já não unicamente como um produto dirigido a franjas de mercado com uma maior sensibilidade pelos valores ambientais, mas sim como o investimento em carteiras de ativos que, precisamente em virtude de incorporarem o elemento da sustentabilidade na sua gestão, podem ser associadas a menor risco pendente sobre o retorno proporcionado pelos capitais investidos.

A crise financeira global de 2008, cujos efeitos se propagaram por todos os setores de atividade, não susteve a apetência pelos fundos de investimento socialmente responsável (verdes, éticos, sociais). Na Europa, em particular, o número de fundos SRI e de ativos sob gestão cresceu, entre junho de 2009 e junho de 2010, respetivamente, 29% e 41%.

São múltiplos os drivers do movimento observado, mas é indiscutível a difusão entre os investidores e o próprio setor financeiro da necessidade, já não ignorável, de rever as práticas de investimento anteriormente privilegiadas em favor do investimento responsável.

O SRI é, crescentemente, para os investidores institucionais e privados, uma questão de gestão de risco, dada a desconfiança que as ofertas financeiras tradicionais polarizaram em virtude da sua fácil associação à crise financeira mundial.

As sucessivas crises ambientais e sociais com que o mundo se tem visto confrontado traduzem-se, também, numa contínua chamada de atenção para as fortíssimas e duradouras consequências financeiras que emergem duma deficiente gestão deste tipo de riscos. A ampla cobertura mediática que caracteriza a informação do nosso tempo e a interdependência das economias e respetivos agentes, nomeadamente através do sistema financeiro, faz com que fenómenos/catástrofes observados nas mais diferentes geografias se reflitam muito para além dos limites físicos da sua ocorrência. O exemplo recente da maré negra provocada depois de uma explosão na plataforma petrolífera *Deepwater Horizon* da BP, em abril de 2010, é um caso emblemático pelas suas consequências não só para a empresa (processos indemnizatórios, responsabilização da gestão ao mais alto nível) como para as diversas comunidades afetadas no Golfo do México (pesca, turismo, conservação) e até para os mais insuspeitos pensionistas ingleses que através dos seus fundos de pensões foram igualmente afetados. No mesmo contexto, pode ser vista a desvinculação que grandes grupos da indústria alimentar e das bebidas, Nestlé, Burger King, Unilever, Kraft Foods, têm efetuado face ao grupo indonésio Sinar Mas, produtor de óleo de palma, na sequência das repetidas acusações de que o grupo foi alvo relativamente a práticas de desflorestação reprováveis.

A imprescindibilidade de incorporar os elementos de natureza ambiental, social e da governação – ESG – na gestão de fundos, com exigência acrescida ao nível do research e seleção de portefólios, é uma crescente exigência dos investidores, que se vê reforçada por uma igualmente mais marcada pressão de natureza legislativa que, dentro das vicissitudes que sempre caracterizam estes processos, tem tido uma tendência clara de maior exigência, junto da generalidade dos stakeholders, quanto à forma de abordar os riscos ESG, evitando-os, minimizando-os, mitigando-os e compensando-os.

O relatório *European SRI Study 2010 do Eurosif – European Sustainable Investment Forum* confirma esta tendência, reportando que o Investimento Socialmente Responsável quase duplicou na Europa entre 2007 e 2009, aumentando de EUR 2 700 mil milhões para EUR 5 000 mil milhões, representando uma taxa de crescimento média anual de 37% no biénio. O mesmo fenómeno é observável nos EUA, *Report on Socially Responsible Investing Trends in the United States* 2010, onde, apesar de o país se encontrar no epicentro da crise financeira global, o SRI manteve uma tendência de crescimento, já observada desde 2003, atingindo em 2010, aproximadamente, USD 3 000 mil milhões (Figura 1).

Novos veículos do investimento, produtos e tipos de fundos, estão também a favorecer o crescimento do investimento responsável, particularmente entre os ETF – *exchange-traded funds* – e dos fundos de investimento alternativos tais como *venture capital*, *double* e *triple-bottom-line private equity*. Novos programas que promovam a criação de novas fontes de financiamento podem também ser importantes catalisadores da mobilização de recursos para a área da conservação. Os exemplos possíveis incluem, entre outros, programas de incentivos para a conservação e gestão sustentada das florestas (REDD+), programas de investimento em tecnologias limpas e outros esforços para combater as alterações climáticas e proteger os ecossistemas. Estas novas possibilidades oferecem aos diferentes veículos financeiros uma amplitude, ainda maior, para contribuírem para a captação dos recursos financeiros necessários ao esforço que a conservação da biodiversidade a nível global não deixará de exigir.

FIGURA 1 - SRI NOS EUA, 2003-2010 (USD MIL MILHÕES)

Fonte: *Social Investment Forum*.

Também na área dos mercados de capitais existem índices vocacionados para investidores com preocupações de responsabilidade social e ambiental. A nível internacional, o FTSE4Good e o Dow Jones Sustainability são atualmente índices de referência em termos de empresas cotadas com melhores práticas em prol do desenvolvimento sustentável.

No contexto da economia portuguesa é possível detetar, já hoje, num conjunto alargado de setores (financeiro, turismo, agricultura, construção, indústria, distribuição), exemplos de projetos empresariais que, partindo da biodiversidade como elemento central de estruturação do produto/atividade, seja numa perspetiva estratégica ou como elemento de suporte da respetiva viabilização presente, ilustram até que ponto a capacidade de aproveitamento destas novas áreas de oportunidade se converte em valor acrescentado para o negócio.

A exposição aos riscos e/ou potencial para o aproveitamento de oportunidades associadas à biodiversidade não se distribui uniformemente pelos diversos setores de atividade económica. Contudo, todos os agentes económicos são convocados ao desenvolvimento de novos cenários e novas estratégias, num movimento, cuja propagação poderá de facto inverter as tendências que têm vindo a ser repetidamente observadas. Esta nova realidade terá, inevitavelmente, de se estruturar em torno da grande capacidade de mobilização, transformação e afetação de recursos das empresas, unindo aos seus esforços os contributos dos Governos, das organizações multilaterais, das ONG e das comunidades.

Há um conjunto de benefícios sociais que, ainda que não perseguidos diretamente, emergem naturalmente de projetos comerciais bem sucedidos (salários, impostos, compras).

No entanto, estratégias sustentáveis alargam o espectro destes benefícios a outras áreas socialmente relevantes (ambiente, educação, saúde, governação) com forte impacto sobre a pobreza. Medir o sucesso da estratégia empresarial tem de passar, cada vez mais, não apenas pelos resultados imediatos mas, também, pelo potencial de resultados futuros. O desenvolvimento de mercados, o lançamento de novos produtos, a introdução de novas práticas de negócio exigem horizonte temporal na avaliação dos resultados alcançados e a capacidade de valorização dos intangíveis presentes.

O alinhamento dos objetivos empresariais com o objetivo de preservação dos ecossistemas é, possivelmente, o maior desafio com que a humanidade se confronta no século XXI, desafio indissociável do problema das alterações climáticas e de cujo alcance dependerá a sustentabilidade do crescimento económico. Só este alinhamento, alicerçado em acordos globais, efetivamente implementados, e em fontes de financiamento, comprometidas e flexíveis, permitirá avançar, sustentadamente, em direção ao cumprimento dos Objetivos do Milénio, preservando as populações mais pobres do planeta dos riscos ambientais a que se encontram particularmente expostas e, simultaneamente, proporcionando os meios e oportunidades necessárias para que seja possível quebrar o ciclo de pobreza em que se encontram tão frequentemente manietadas.

Referências

- Athanas, A., Carbone, G., McCormick, N., Quaile, D., Rafiq, M. (2007), *Transforming business risks into conservation opportunities – Business and Biodiversity Programme – Annual Report 2006, IUCN*;
- Bayon, R., Hawn, A., Carroll, N. (2006), *Banking on Conservation, Species and Wetland Mitigation Banking, Ecosystem Marketplace*;
- Bishop, J. (2008), *What can regulators do to kick-start markets for biodiversity and ecosystem services? Lessons from carbon markets, IUCN*;
- Bishop, J., Kapila, S., Hichs, F., Mitchell P., Vorhies, F. (2008), *Building Biodiversity Business, IUCN, Shell*;
- *CFA (2010), Conservation Trust Fund – Investment Survey*;
- Eurosif (2010), *European SRI study*;
- Heal, G. (2007), *A Celebration of Environmental and Resource Economics, Review of Environmental Economics and Policy*;
- Mulder, I. (2008), *Capturing interest from financial institutions in biodiversity conservation, National Goen Fonds*;
- Ostrom, E., Keohane, R. (1995), *Local Commons and Global Interdependence, SAGE Publications*;
- Parker, C., Cranford, M. (2010), *The Little Biodiversity Finance Book, A guide to proactive investment in natural capital, Global Canopy Programme*;
- Palma, F., Miguel, J., Rosa, L., Barros, S. (2008), *Ganhar com a Biodiversidade*;
- Petley, S. (2008), *Beyond equity & debt: finance as a catalyst for sustainable management, EnviroMarket*;
- PricewaterhouseCoopers, DBU (2007), *Sustainable Investments for Conservation – The Business Case for Biodiversity, WWF*;
- Social Investment Forum (2010), *Report on Socially Responsible Investing Trends in the United States*;
- Secretariat of the Convention on Biological Diversity (2010), *Global Biodiversity Outlook 3*;
- TEEB (2010), *The Economics of Ecosystems and Biodiversity: Mainstreaming the Economics of Nature*;
- World Watch Institute (2008), *2008 State of the World: Innovations for a Sustainable Economy*.

Os Bancos como Promotores de Bem-Estar Social e Ambiental

Sofia Santos
Economista e Partner da Sustentare

"A movimentação de dinheiro está intrinsecamente ligada ao movimento de matérias-primas, bens acabados, trabalho e, em última instância, com a qualidade do ambiente ... se queremos atingir o desenvolvimento sustentável temos de estar dispostos a financiá-lo." [Sarokin e Schulkin, 1991].

"A importância da incorporação dos aspetos ambientais ao nível do setor bancário, tem uma relevância acrescida quando comparada com outros setores, uma vez que os bancos têm um papel central no sistema económico." [Levine, 2004].

"É possível afirmar que o setor financeiro pode induzir as atividades de outros stakeholders que dependem do seu apoio financeiro para desenvolver as suas atividades, o que significa que o financiamento afeta o tamanho e a evolução do sistema económico". [Schaper, 2008].

"Em muitos países, os bancos são os intermediários financeiros mais importantes na economia". [Jeucken, 1999].

Os bancos ao guardarem as poupanças dos aforradores conseguem emprestar dinheiro para ser investido em atividades económicas que se espera que gerem valor para a economia, através da criação de emprego e riqueza.

No entanto, hoje em dia, "gerar valor para a economia", começa a englobar outras componentes, entre as quais os impactes ambientais e sociais resultados da atividade económica. Assim, os bancos ao emprestarem dinheiro para o desenvolvimento de atividades económicas estão indiretamente a alocar a utilização dos recursos naturais que constituem a matéria-prima e subsidiária do negócio, ou que poderão ser afetados através dos resíduos que esse

negócio origina no seu processo de fabrico. Em última instância, poder-se-á induzir que, se todos os bancos do mundo se preocupassem com o impacte ambiental e social do dinheiro que emprestam, muitos dos problemas ambientais e de exploração social poderiam não existir. Por isso, este artigo defende que os bancos são os principais catalisadores do desenvolvimento sustentável, e que a sua efetiva atuação está intimamente relacionada com a missão do banco e com o tipo de acionistas.

Principal impacte ambiental dos bancos

O principal impacte das instituições financeiras é o impacte indireto da sua atividade principal – empréstimos – que pode estimular ou desencorajar o desenvolvimento de setores económicos, produtos e serviços específicos (Barannik, p. 247 citado em Bouma et al., 2001). A sua influência no desenvolvimento económico não é apenas quantitativo, mas também qualitativo, uma vez que podem induzir em que direção o crescimento económico pode ocorrer (Jeucken, 1999). Através dos seus empréstimos às empresas os bancos estão também a alocar a utilização dos recursos naturais que são necessários para produzir os bens e serviços que essa empresa vai comercializar. Por outro lado, através dos empréstimos aos consumidores, os bancos estão também indiretamente a promover indústrias específicas via incentivo ao consumo desses bens.

O poder estrutural dos bancos

Uma vez que os bancos conseguem influenciar quer as empresas quer os consumidores, e apesar da inexistência de consenso entre os economistas em relação ao papel do setor financeiro no crescimento económico, Levine (2004) assume que existe *"um conjunto crescente de evidências (...) que o desenvolvimento financeiro, exerce um impacte de primeira ordem no crescimento económico"* (Levine, 2004). A existência de tal impacte tem sido evidente com a atual crise financeira [1] e suas consequências na economia real.

Os bancos são assim um dos principais *stakeholders* com poder para promover e induzir investimento através da oferta de serviços financeiros para quem poupa e para quem quer investir. Na realidade, nos anos 70, as empresas nos países da OCDE aumentaram a sua dependência dos financiamentos de bancos, de forma a poderem continuar a desenvolver os seus negócios (Richardson, 2005). De acordo com Jeucken (1999), *"Em muitos países, os bancos são os intermediários financeiros mais importantes na economia"*.

---

[1] Crise Financeira que teve origem no sub-prime em inícios de 2008.

Desta forma, o setor bancário assume uma importância relevante na promoção de boas práticas ambientais junto de outros setores, uma vez que tem um poder estrutural e uma eficiência específica a ele associada (Diamond, 1984; Boyd e Prescott, 1985; Diamond, 1991).

O poder estrutural está associado ao facto de os clientes dos bancos dependerem do seu apoio através do financiamento (Schaper, 2008). Quando um banco usa critérios não usuais ao nível do mercado, como, por exemplo, as preocupações ambientais, eles estão a utilizar *"...o seu poder estrutural para tornar os projetos mais amigos do ambiente"* (Schaper, 2008, p. 2).

A eficiência pode ser encontrada no papel que os bancos têm na mitigação dos custos associados com a aquisição de informação, análise das condições de mercados, capacidade de fazer cumprir os contratos e monitorizar os empréstimos. Ou seja, a eficiência está associada com a capacidade de os bancos gerirem os problemas associados com a informação assimétrica e de moral *hazard*, tal como foi identificado por Diamond (1984, 1991). A melhoria da informação existente sobre as empresas e suas condições económicas pode também acelerar o crescimento económico. Os intermediários financeiros, que são capazes de melhor analisar a informação das empresas, tornam-se também financiadores daquelas mais promissoras, permitindo, mais uma vez, uma melhor alocação de capital (Greenwood e Jovanovic, 1990 citado em Levine 2004, p.8). Esta eficiência é também justificada pelo benefício social que surge do facto de os bancos poderem ter economias de escala no processamento de informação associada à monitorização e capacidade de fazer cumprir os contratos (Dimond, 1984).

Contribuição dos bancos para o desenvolvimento sustentável

Dado o poder de influenciar as práticas das empresas e os hábitos de consumo dos consumidores, os bancos ao serem intermediários na alocação de capital devem ser vistos como contribuidores com forte potencial para a promoção do desenvolvimento sustentável (Jeucken, 1999). O financiamento pode afetar a sustentabilidade e a responsabilidade social da empresa e, a um nível global, direcionar a economia e o seu desenvolvimento sustentável (Scholtens, 2006).

Na realidade, Sarokin e Schulkin (1991) afirmaram que *"a movimentação de dinheiro está intrinsecamente ligada com o movimento de matérias-primas, bens acabados, trabalho e, em ultima instância, com a qualidade do ambiente ... se queremos atingir o desenvolvimento sustentável, temos de estar dispostos a financiá-lo."* Assim, e durante os anos 90, começou a existir um consenso de que existe uma ligação entre os banco e os aspetos ambientais (degradação ambiental) através dos empréstimos e investimentos que realizavam (Sarokin and Schulkin, 1991). Soppe (2004) defende que o setor financeiro pode ser a resposta às preocupações que o desenvolvimento sustentável apresenta para com as gerações futuras, uma vez que "as características de base de um financiamento são especificamente apropriadas para armazenar desenvolvimentos presentes e futuros" (Soppe, 2004), sendo as políticas dos fundos de pensão um bom exemplo.

Ações que os bancos podem tomar

Para implementar este papel catalisador, os bancos podem desenvolver 3 abordagens diferentes (Thompson, 1998) que passem pela gestão do risco ou criação de produtos:

- Podem analisar "como" e "se" os recipientes dos financiamentos estão a cumprir com os *standards* ambientais, podendo também negar empréstimos àqueles que não cumprem com esses *standards*;
- Podem encorajar os credores a adotarem práticas ambientais, fornecendo-lhes informação acerca desses temas e acerca dos potenciais riscos ambientais que afetam vários setores;
- Podem desenvolver produtos financeiros que promovam a diminuição do impacte ambiental das atividades dos agentes económicos. Por exemplo, os bancos podem ter linhas de financiamento específicas para setores assentes em tecnologias limpas, ou mesmo oferecer empréstimos com taxas de juro mais baixas para aqueles setores com um impacte positivo a nível ambiental.

É interessante notar que hoje se podem encontrar exemplos destas 3 possibilidades, sendo mais difícil encontrar bancos que tenham critérios de análise ambiental aplicáveis nas suas várias áreas de negócio. Isto pode significar que os bancos ainda não estão conscientes das implicações que os riscos ambientais podem ter no seu negócio, ou que, genuinamente, não se preocupam com os temas do desenvolvimento sustentável.

Os riscos ambientais dos bancos

Normalmente quando se fala em bancos e ambiente, a relação não parece ser evidente, pois não é imediata a identificação de como o ambiente pode ser um fator de risco para o banco.

Thompson (1998) e Case (1999) identificaram que os bancos defrontam 3 tipos de riscos: os diretos, indiretos e de reputação.

O **risco direto** ocorre quando um banco pode ficar responsável por danos ambientais causados por um cliente. Este risco pode ocorrer através de legislação ou simplesmente via posse do colateral associado a um empréstimo. Nos EUA e na Inglaterra existem casos em que os bancos ficaram responsáveis pela limpeza dos danos ambientais causados pelos seus clientes. Estas responsabilidades surgiram ou porque se identificou que o banco teve poder para alterar estratégias na gestão e como tal poderia também ter solicitado medidas que diminuíssem a probabilidade do dano ambiental; ou porque, como resultado de um incobrável, o banco ficou com um colateral que tinha contaminado de alguma forma o ambiente e que era necessário investir na limpeza desse dano.

O **risco indireto** pode afetar os bancos de uma forma mais frequente que os riscos diretos. Este risco pode surgir de duas fontes distintas:

- Da incapacidade de uma empresa cumprir com as suas obrigações financeiras para com o banco, devido a custos ambientais não acautelados (limpezas, coimas, equipamento, etc ...).
- Da alteração ocorrida ao nível das matérias-primas base à produção, como consequências de perdas de Biodiversidade.

Finalmente, o **risco de reputação** dos bancos proveniente de aspetos ambientais está associado à forma como o dinheiro emprestado é utilizado, ou em que tipo de negócios o banco está a investir. Com a crescente valorização dos comportamentos éticos, da responsabilização das empresas pelas consequências das suas ações, também alguns bancos têm assistido a uma pressão crescente por parte dos consumidores e organizações, para que tenham em atenção o destino que os seus empréstimos vão ter.

Os melhores e os bons exemplos

Ao longo dos últimos 5 anos têm sido realizados vários estudos que comparam as práticas dos bancos sobre a forma como estes incorporam o ambiente no seu *core business*, ou seja, na sua análise de riscos. De acordo com um estudo publicado em 2008 pelo Bank Track *"Benchmarking Credit Policies of International Banks"*, existem já alguns bancos que podem ser vistos como as boas práticas existentes ao nível da inclusão de análise de riscos ambientais na concessão de crédito.

Analisando mais em detalhe 8 desses bancos referidos como sendo os melhores exemplos pelo Bank Track, tentou-se identificar qual o grau de incorporação de critérios ambientais nas políticas de crédito dos bancos *mainstream* - ANZ, Barclays, Westpac, Citi, HSBC, Santander – e nos bancos éticos - Triodos e Co-operative.

Desta análise, concluiu-se que para os bancos *mainstream*:

- Todos os bancos afirmam já incluir critérios ambientais nas análises de risco de crédito que efetuam. No entanto, fazem-no usando diferentes abordagens e diferentes níveis de aprofundamento e abrangência;
- Todos afirmam realizar análises de risco ambiental, no entanto, fazem-no apenas para os setores considerados de risco;
- Apesar de todos os grandes bancos analisados já incluírem critérios ambientais nas suas análises de risco para as operações de *Project Finance* que envolvem montantes acima dos 10 milhões de USD (resultado da sua adesão aos Princípios de Equador),na prática apenas alguns começaram a estender este tipo de análise a todo o tipo de créditos concedidos às empresas.

Relativamente aos bancos "éticos", as conclusões são bastante mais claras:

- O Triodos e o Co-operative dão a máxima importância aos assuntos relacionados com a biodiversidade e com a produção, distribuição e consumo de energia. Para além disso, os setores de atividade em relação aos quais demonstram maiores cuidados são o agrícola, o energético e o das pescas. Para estes assuntos e para estes setores, os bancos éticos, para além de possuírem critérios de avaliação de risco ambientais bem definidos, possuem políticas que definem a não concessão de créditos a empresas de setores que prejudiquem o ambiente.
- Os bancos éticos não concederem créditos a empresas que desenvolvam atividades em setores considerados como nocivos à biodiversidade e com grandes impactes em termos de alterações climáticas. O Triodos e o Co-operative também não concedem créditos a empresas que desenvolvam atividade em certos tipos de agricultura intensiva e / ou usando métodos de manipulação genética; na produção e distribuição de energia nuclear ou produzida a partir de combustíveis fósseis; e em pesca não sustentável.

A principal conclusão que se tira quando se comparam os bancos *mainstream* com os chamados bancos éticos, é que os bancos éticos foram criados com uma missão bastante diferente dos bancos *mainstream*, têm acionistas que se identificam com essa missão, e como consequência, implementam uma banca muito diferente da que estamos habituados.

O Triodos Bank e o Co-Operative Bank optam por estas políticas, não apenas por considerarem que os aspetos ambientais podem deteriorar a qualidade da sua carteira de créditos, mas também porque é a sua missão:

- O Triodos adota esta postura uma vez que tem como missão financiar projetos que contribuam positivamente para o valor cultural, que beneficiem pessoas e o ambiente, contribuindo assim para o desenvolvimento sustentável;

- O Co-operative Bank afirma que é responsável para com os seus clientes e membros, tendo como bases da sua criação um conjunto de princípios e valores de justiça e responsabilidade social associada ao impacte que o dinheiro exerce na sociedade.

Os bancos do futuro vão ser éticos

A crise financeira que se iniciou em 2008 veio dar uma nova ribalta os bancos. Colocou em evidência a visão de curto prazo e a ganância pela riqueza fácil e rápida do setor bancário, bem como a fragilidade dos modelos de risco existentes. Na realidade, por muito sofisticados que sejam os modelos de risco, se não existir uma forte componente humana e ética, que permita a existência de perguntas como "o que estou a fazer é correto?", torna-se difícil identificar e prevenir todas as situações possíveis.

Relativamente à crise de 2008, Laugel e Laszlo (2009) analisaram a importância que a crise teve nos temas da sustentabilidade no setor bancário. Concluíram que, apesar de na maioria dos casos, a sustentabilidade ser vista como uma iniciativa secundária para os bancos e os bancos continuarem relutantes em realmente integrarem a sustentabilidade no seu *core business*, a presente crise financeira está a forçar todo o setor a integrar a sustentabilidade no seu *core business* e no centro do processo de criação de valor, uma vez que tal irá ajudar os bancos a recuperar a confiança e o diálogo que perderam com os vários *stakeholders*.

Esta falta de confiança no setor financeiro está bem patente no estudo publicado pela *Edelman Trust Barometer* no início de 2011, onde o setor financeiro é aquele em que mundialmente [2] menos se confia relativamente à sua capacidade em fazer o que é correto.

Como reação a esta falta de confiança sobre o setor bancário, que, em vez de ser percecionado como um parceiro de vida para as pessoas, é visto como uma entidade a não confiar mas na qual temos de depositar, por efeitos de segurança física, as nossas poupanças, vários movimentos estão a ganhar nova força.

Os bancos éticos têm vindo a juntar-se e criaram a *Global Alliance for Banking on Values*[3], que é uma rede independente de bancos que utilizam o seu poder estrutural para promover o desenvolvimento sustentável. Os membros desta Aliança são bancos que têm como principal missão o investimento numa sociedade que valorize o desenvolvimento humano, a coesão social e a responsabilização pelo ambiente natural. Atualmente esta organização tem 13 bancos lucrativos e em crescimento, que em conjunto gerem ativos superiores a $10 biliões, servindo mais de 7 milhões de clientes em 20 países. Por exemplo, durante os primeiros 6 meses de 2010

---

[2] O Estudo foi realizado em 23 países nos 5 continentes. Uma apresentação geral pode ser retirada em http://www.edelman.com/trust/2011/uploads/Edelman%20Trust%20Barometer%20Global%20Deck.pdf
[3] http://www.gabv.org

o Triodos Bank cresceu mais de 11%, atingindo os €3.3 biliões, dando assim continuidade ao crescimento de 13% que ocorreu no mesmo período em 2009. Em junho de 2009, o rácio de solvabilidade do Triodos Bank foi de 14.9% , o que é substancialmente positivo quando pensamos que o mínimo exigido por lei internacional é de 8%.

Também a sociedade civil mais educada e participativa começa a ter consciência de que a banca tem responsabilidades éticas, começando a colocar o seu dinheiro em bancos que mais atuam de acordo com um conjunto de valores e normas sociais, o que tem justificado o crescimento elevado que os bancos éticos têm tido desde a crise de 2008.

Não restam dúvidas de que os bancos são catalisadores de bem-estar social e ambiental, e que podem induzir o investimento e o consumo de forma a atingir um desenvolvimento sustentável. Atendendo a que a Estratégia Europeia 2020 defende que o crescimento da Europa se deve basear no consumo e na produção sustentável, os bancos europeus que ainda consideram estes temas marginais ao seu *core business* podem vir a ser confrontados com sérios problemas de credibilidade e legitimidade para operar. Não só por parte de uma sociedade gradualmente mais exigente, mas também por parte das instâncias europeias que não hesitam assim tanto em legislar. Quem sabe se, no futuro, os bancos também terão de cumprir com legislação ambiental, uma vez que, de livre vontade, essa componente não está incluída na missão dos bancos **mainstream**, ou seja, na maioria dos bancos existentes.

Biografia e Referências

- BankTrack, 2008. *Mind the GAP.* Bank Track.
- Bossone, B., 2001. *Do banks have a future? A study on banking and finance as we move into the third millennium.* Journal of Banking & Finance. Vol. 25, pp. 2239-2276.
- Bouma, J. Jeucken, M. & Klinkers, L., 2001. *Sustainable Banking.* Greenleaf Publishing Limited.
- Boyd, J., Prescott, E., 1985. *Financial Intermediary-Coalitions.* Federal Reserve Bank of Minnneapolis, July 1985, Report 87.
- Case, P., 1999. *Environmental risk management and corporate lending - a global perspective.* Woodhead Publishing Limited.
- Coroner, F., 2006. *Environmental Liability Directive: how well are Member States handling transposition?.* Institut Supérieur du Management Public et Politique (Paris, Brussels), Intern,
- European Environmental Bureau
- Coulson, A. Monks, V., 1999. *Corporate environmental performance considerations within banking lending decisions.* Eco-Management and Auditing Review 6, 1-10
- Decker, O., 2004. *Corporate Social Responsibility and Structural Change in financial services.* Managerial Auditing Journal, Vol.19, N.16, pp.712-738.
- Diamond, D., 1984. *Financial Intermediation and Delegated Monitoring. Review of Economic Studies.* LI, pp. 393-414.
- Diamond, D., 1991. *Monitoring and reputation: the choice between bank loans and directly placed debt.* Journal of Political Economy. Vol. 99, pp. 689-720.

- Jeucken, M. Bouma, J. 1999. *The changing environment of banks.*
- Jeuken, B., 2001. *Sustainable Banking, the greening of finance.* Greenleaf
- Laugel, J., Laszlo, C., 2009. *Financial Crisis The Opportunity for Sustainable Value Creation in Banking and Insurance.* Journal of Corporate Citizenship, Issue 35, p24-38.
- McKenzie, G. Wolfe, S., 2004. *The impact of environmental risk on the UK banking sector.* Applied Financial Economics, Vol. 14, pp. 1005-1016.
- Sarokin, D. Schulkin, J., 1991. *Environmentalism and the right to know, expanding the practice of democracy.* Ecological Economics, Volume 4, 1991.
- Schaper, M., 2008. *Leveraging green power: environmental rules for project finance.* Berkeley Electronic Press.
- Scholtens, B., Dam, L., 2007. *Banking on the Equator: are banks adopted the Equator Principles different from nonadopters?* World Development, vol. 35, no. 8, 2007
- Soppe A., 2004. *Sustainable Corporate Finance.* Journal of Business Ethics 53, pp. 213-224
- Thompson, P., 1998 b. *Assessing the environmental risk exposure of UK banks.* International Journal of Bank Marketing, 16/3, pp. 129-139.
- Weber, O., Fenchel, M. & Scholz, R., 2006. *Empirical Analysis of the Integration of Environmental Risks into the credit risk management process of European Banks. Bussiness Strategy and the Environment.* DOI: 10.1002/bse.507.

O Homem na Natureza – Novas propostas éticas para um desenvolvimento mais sustentável

Rita Almeida Dias
Partner da Sustentare

"O que se pede à ética são, pelo menos, duas coisas: no plano individual, um núcleo de certezas que permitam que cada um conduza a sua vida; no plano coletivo, uma unidade que ofereça à humanidade, e em primeiro lugar a cada grupo social, a cada nação, a possibilidade de formar uma comunidade de comportamentos, para que se construa um ethos neste solo de convicções e de pensamentos comuns." [1]

Onde começa a fronteira do inaceitável? Como nos devemos comportar perante a clivagem abismal entre a abundância e a escassez no mundo? Devemos impor limites à satisfação das necessidades "secundárias" da nossa família, de forma a podermos ajudar os seres humanos que morrem diariamente com fome? Por outro lado, porque devemos, afinal, cuidar do planeta em que vivemos? Apenas porque a própria sobrevivência da espécie humana depende de um novo modelo de consumo sobre recursos finitos? Ou porque atribuímos, afinal, um valor intrínseco aos seres não humanos?

A ética dominante na sociedade ocidental apresenta uma raiz eminentemente antropocêntrica. Mas os problemas causados pelo modelo de desenvolvimento da sociedade moderna obrigam-nos a reavaliar a matriz ética que estrutura a nossa sociedade. Desflorestação contínua, níveis de poluição crescente, aumento da erosão dos solos, ou diminuição de biodiversidade com a consequente extinção de espécies são fenómenos que resultam dum comportamento de supremacia do Homem para com a natureza. A superioridade da raça humana face à natureza,

---
[1] Michel HENRY, "Ce que la science ne sait pas", pp. 41-42.

característica da ética antropocêntrica, destitui a natureza de um valor próprio, e legitima a atitude de exploração sobre os recursos naturais. Os movimentos ambientalistas que emergiram há algumas décadas atrás abriram uma era que problematiza a relação entre o Homem e o meio ambiente. A partir dos anos 70 os temas ambientais ganham uma maior dimensão no meio filosófico, político, e empresarial. As associações ambientais proliferam, contribuindo para uma maior sensibilidade e pressão por parte da população para o tema. É neste contexto que as instituições políticas elaboram políticas ambientais, e, duma forma crescente, regulação e legislação ambiental. Por outro lado, o meio empresarial procura ultrapassar a postura reativa à pressão pública e nova legislação. Com uma atitude mais pró-activa, muitas empresas definem políticas de sustentabilidade, onde assumem, voluntariamente, compromissos ambientais e sociais, para além do que lhes é exigido por lei. Paralelamente, um grupo de filósofos trabalha a problemática Homem/natureza, fundando a filosofia do ambiente. É nesta área que surgem as propostas de estruturar a sociedade numa nova ética que atribui um valor moral ao ambiente, deixando de o tratar como um mero meio ao serviço das necessidades humanas.

Ética e Responsabilidade Empresarial

Aristóteles distinguia entre *oikonomikis,* referindo-se à troca comercial, que considerava essencial para o funcionamento da sociedade, e *chrematisike*, associada ao comércio com o fim de gerar lucro. O autor considerava pejorativa esta última atividade, denominando os seus praticantes de parasitas. O ataque à usura permaneceu até ao século XVII. Mas tão expressivo como o ataque à usura pela filosofia e pela religião, foi o poder e reputação que a empresa, enquanto instituição social, viria a conhecer nos tempos modernos. Calvin ensina-nos sobre as virtudes da economia e da empresa, canonizadas por Adam Smith em 1776 na obra "A Riqueza das Nações". Esta valorização da atividade empresarial está relacionada com alterações no domínio da filosofia e da religião, mas também com fenómenos como a urbanização, o crescimento da indústria e o surgimento de novas estruturas sociais que ditaram um novo sentido para a sociedade humana. Mas, embora a empresa se tenha tornado uma das instituições centrais da sociedade, prosperidade económica e ética foram, até há algumas décadas atrás, percecionadas como conceitos antagónicos, sendo a ética até entendida como uma ameaça ao mercado livre.

Atualmente ética e prática empresarial já não são percecionadas como áreas tão irreconciliáveis. Por outro lado, as empresas também já não são vistas como seres despojados de valores. Focando-se na parte da ética que trata dos comportamentos e das instituições relativas à esfera económica, a ética económica diz respeito aos comportamentos que devemos ter individualmente no seio da atividade económica e às regras institucionais a que as organizações devem submeter-se. A defesa da integração da ética na gestão é recente, e a importância da primeira cresceu exponencialmente com a irrupção dos escândalos empresariais e condutas empresariais que corroem os valores de justiça e honestidade, ou de preservação ambiental que são defendidos pela nossa sociedade. Uma das questões tem consistido em saber se a atividade empresarial deve ser regida pelos mesmos valores que conduzem a atividade doutras esferas. É por isso relativamente recente na história das organizações a visão que afasta o gestor do indivíduo cuja ação é apenas condicionada pela satisfação dos seus próprios interesses, ou daqueles que representa, e em nome de quem atua. A integração da ética na gestão tem sido dificultada pela ideia de que será difícil, numa decisão empresarial, conciliar simultaneamente critérios éticos e económicos, embora, na verdade, qualquer decisão económica possua uma dimensão ética. Esta dificuldade está relacionada com a separação aristotélica entre a esfera privada e a esfera dos negócios - de um lado situam-se os valores empresariais, orientados para o lucro; do outro, os valores que conduzem a atividade humana que reside para além do homem economicus. Desta separação resulta ainda a convicção de alguns gestores que podem ser homens ou mulheres éticos(as) na sua vida pessoal, e não-éticos (as) na sua vida profissional, dado que numa e noutra dimensão deveriam seguir valores e finalidades diferentes.

Não existem organizações sem opções éticas

À ética empresarial interessam os princípios e comportamentos entre os diversos agentes económicos que estruturam a criação de valor económico e do lucro. Interessa ainda, por outro lado, a forma como as empresas, enquanto organizações complexas, podem servir não só os interesses dos acionistas, como de outras partes interessadas, bem como do ambiente. A responsabilidade das empresas generaliza-se na década de 70, como o contributo voluntário do setor empresarial para os objetivos do Desenvolvimento Sustentável. É sob este conceito que as empresas têm estabelecido políticas de sustentabilidade voluntárias, e, dentro delas, compromisso ambientais que são refletidos em processos produtivos e num sistema de gestão mais amigo do ambiente. É também sob esta nova filosofia de gestão que algumas empresas têm investido no desenvolvimento de produtos para segmentos de clientes sensíveis ao tema da ecologia, ou para mercados da base de pirâmide, onde 4 mil milhões de pessoas vivem com menos de 2 dólares por dia. O conceito de "desenvolvimento inclusivo" foi desenvolvido por C.K. Prahalad, que identificou uma mega oportunidade para as empresas nesses mercados. Ao inovar com estratégias focadas nos segmentos de consumidores de baixo rendimento, com computadores a menos de 100 dólares, as empresas criam novas oportunidades de crescimento, contribuindo, simultaneamente, para a inclusão dos pobres na economia, e para a sua exclusão do ciclo de pobreza. Ganhos de eficiência através de estratégias ecoeficientes que reduzem os custos, bem como o aumento de receitas com o desenvolvimento de produtos para clientes na base da pirâmide são exemplos que testemunham o círculo virtuoso da sustentabilidade, dado que permitem criar valor social e ambiental e, simultaneamente, valor económico para a empresa. Mas deverá o gestor ético apenas agir de forma ética quando da ação decorrem benefícios para a empresa? A tarefa do gestor é desafiante. Conciliar alcançar resultados no curto prazo com a criação de valor no longo prazo; tomar decisões congruentes entre os seus valores pessoais e as exigências do negócio; corresponder a uma pluralidade de expectativas, por vezes contraditórias entre si, das diferentes partes interessadas da empresa: acionistas, colaboradores, clientes, fornecedores, comunidade local, entre outras. É claro que podemos, e devemos, aceitar que se pergunte qual o benefício de se ser bom, e se o altruísmo de um gestor compensa a empresa. Mas fará sentido convencer os gestores a apenas a agirem "bem" pelo prémio que daí pode advir? Não será melhor convencer o gestor a optar pelo "bem" porque, por definição, é o "bem" que deve ser praticado? Não há dúvidas de que o gestor pode ser ético e alcançar resultados. Mas os gestores que estão apenas interessados no "prémio" que o comportamento ético possa gerar, alterarão a sua conduta se perceberem que a compensação pode variar, ou deixar de existir.

Ética Ambiental

O debate sobre o confronto entre a indústria e a defesa do ambiente acontece, de forma generalizada, na década de 60. *Silent Spring* de Rachel Carson e a comemoração do primeiro Dia da Terra, em 1970, são dois dos marcos associados ao início de uma reflexão que questiona o modelo de desenvolvimento em vigor, exigindo a emergência de novos paradigmas na relação entre o Homem (e a atividade por ele produzida) e a natureza. É na sequência da valorização da temática ambiental que, em 1987, é publicado no Relatório de Brundtland a definição de desenvolvimento sustentável, que faz o apelo a comportamentos ambientalmente mais responsáveis de forma a garantirmos os recursos naturais necessários para satisfazer as necessidades das gerações futuras. À luz das teorias éticas ambientais este conceito levanta a seguinte problemática: estamos verdadeiramente preocupados com a natureza e com os elementos não humanos, ou a nossa preocupação com os animais e com a natureza é apenas meramente instrumental? O que está errado é consumirmos uma quantidade tão elevada de recursos que os tornam insuficientes para as gerações futuras, ou o que devemos colocar em causa é a forma como o Homem explora a natureza? Quando condenamos o consumo de recursos, fazemo-lo apenas porque o desenvolvimento sustentável é determinante para a sobrevivência da espécie humana? Ou porque acreditamos que o padrão comportamental das sociedades consumistas modernas desrespeita elementos da natureza que possuem, *per si*, um valor intrínseco que deve ser respeitado? A compreensão destas perguntas no contexto das propostas da ética ambiental torna pertinente a distinção entre valor instrumental e valor intrínseco. O primeiro refere-se ao valor enquanto meio para atingir um fim, enquanto o segundo se refere ao valor *per si*, independentemente da utilidade que tenha para um terceiro. Consideremos, por exemplo, uma planta. A planta pode ter um valor instrumental para o animal que se alimenta dela, ou para os humanos, se, por exemplo, for utilizada para a elaboração de um creme dermatológico. Mas se reconhecermos que a planta tem um valor independentemente da utilidade que tem para o animal, que depende dela para se alimentar, ou para a indústria farmacêutica, então poderemos dizer que a planta tem um valor intrínseco.

Para Rolston III o valor existe objetivamente e a *priori,* não sendo produzido por um sujeito avaliador. No entanto, muitas das perspetivas éticas tradicionais do mundo ocidental são antropocêntricas, porque são centradas na espécie humana. Por um lado, existem correntes que atribuem um valor intrínseco ao ser humano sozinho, também denominadas de antropocentrismo forte. Por outro lado, existem correntes que atribuem um valor intrínseco aos seres humanos significativamente mais elevado do que a qualquer elemento não humano, conhecidas como antropocentrismo fraco. Ambas justificam com a superioridade da espécie humana sobre a natureza e seus elementos a defesa dos interesses e do bem-estar humano à custa de elementos não humanos. Quando, na década de 1970, a ética ambiental surgiu como uma nova subdisciplina da filosofia, colocou um desafio ao antropocentrismo tradicional. Em primeiro lugar, questionou a suposta superioridade moral dos seres humanos face a outras espécies. Em segundo lugar, investigou a possibilidade de desenvolver um argumento racional para atribuir valor intrínseco à natureza e ao seu conteúdo não humano.

Princípio da Responsabilidade

A confluência de debates éticos, políticos e jurídicos sobre o ambiente que se instauraram na década de 70, bem como o surgimento de filosofias para sustentar os direitos animais e a reflexão sobre a possibilidade de uma ética ambiental, foram construídos em movimentos sociais e políticos. Um dos momentos que marcam o arranque destes movimentos é o texto de Lynn White Jr, de 1967, publicado na revista *Science* e intitulado "The Historial Roots of our Ecological Crisis". O texto aborda os valores e atitudes que causaram a crise ambiental, responsabilizando a moral judaico-cristã pelo enquadramento que legitima a exploração da natureza pelo Homem. A discussão intensifica-se em várias esferas. No campo filosófico, a filosofia do ambiente surge com novas propostas. A ética da responsabilidade de Hans Jonas move-se na esfera da filosofia ambiental antropocêntrica. Defende a preservação da natureza como um bem a legar às gerações futuras. A obra *The Imperative of Responsibility,* publicada em 1979, centra-se nos problemas sociais e éticos criados pela tecnologia, e defende que a sobrevivência da espécie humana dependerá dos nossos esforços para cuidar do planeta e do seu futuro. Com base na filosofia Kantiana, formula um novo princípio moral "Age para que os efeitos da tua ação sejam compatíveis com a permanência da vida humana". Hans Jonas propõe uma filosofia baseada neste Princípio da Responsabilidade, apresentando um novo paradigma ético, vocacionado para o nível coletivo e para ação dos agentes político-sociais, responsáveis pela orientação da ação humana. A sua proposta ética preocupa-se com o futuro, e com as consequências das nossas ações presentes sobre os nossos descendentes. Embora a natureza seja uma fonte de recursos para a satisfação das necessidades humanas, não deve ser explorada. Segundo Jonas a filosofia deve ser utilizada para resolver a destruição crescente do planeta, propondo um outro modelo diferente do que aquele que caracteriza a sociedade moderna, onde o Homem ganhou o poder de exterminar a vida terrena. O modelo proposto apela ao relacionamento do Homem com o meio natural, e a uma ética do futuro, ou melhor, a uma ética do presente que se preocupa com o futuro. Este conceito, bem como o princípio da responsabilidade, estão claramente presentes na definição de desenvolvimento sustentável abordada num dos pontos anteriores deste texto. Os princípios filosóficos de Jonas estão ainda presentes no Princípio da Precaução, integrada na Declaração do Rio, em 92, na Convenção Quadro das Nações Unidas sobre a Mudança do Clima e da Convenção da Diversidade Biológica, desse mesmo ano.

Realistas & Fundamentalistas

A ascensão dos movimentos verdes na Europa foi acompanhada por uma divisão entre os "realistas" e os "fundamentalistas". Defensores das reformas ambientais, os "realistas" trabalham com as empresas e governo para diminuir os impactos negativos sobre o ambiente. Por outro lado, os "fundamentalistas" defendem uma mudança radical, a definição rigorosa de novas prioridades, e até mesmo a derrubada do capitalismo e do individualismo liberal, considerados como a principal causa da devastação ambiental antropogénica. Subjacente a estas divergências políticas está a distinção entre movimentos ambientalistas "superficiais"e "profundos", introduzida no início dos anos 1970 por uma grande influência da ética ambiental contemporânea, o filósofo norueguês Arne Næss. A "ecologia profunda" nasceu na Escandinávia, como resultado de discussões entre Næss e seus colegas Sigmund Kvaløy e Faarlund Nils. Inspirada pela metafísica de Espinosa, tem como característica fundamental a rejeição do individualismo atomista. Næss defende que a ideia do ser humano possuir uma essência individual provoca uma separação radical entre o ser humano e o resto do mundo. Para o filósofo esta separação não só leva a egoísmo entre seres humanos, como induz também o egoísmo do ser humano para com a natureza. Como opção, Næss propõe a adoção de uma alternativa relacional, onde os organismos, humanos ou não, devem ser compreendidos na rede da biosfera. A identidade de um ser vivo é essencialmente constituída pelas suas relações com outros elementos do mundo, especialmente as suas relações ecológicas com outros seres vivos. Næss acreditava que, se pessoas se conceptualizassem a si mesmas e ao mundo em termos relacionais, o comportamento dos seres humanos com a natureza e o mundo em geral seria mais responsável. Ao subscrever o igualitarismo da biosfera, a visão de que todos os seres vivos são iguais em ter valor em si, independente da sua utilidade para outros, a ecologia profunda contrasta com a ecologia superficial, que, embora empreenda uma luta contra a poluição e consumo de recursos, tem como objetivo, segundo Næss, a saúde e a abundância dos países desenvolvidos.

Ética da Terra e Biocentrismo

Com a Ética da Terra Callicott defende que o valor nasce da relação entre avaliador e avaliado, sendo resultado da consciência humana. Considerando a ética ocidental narcisista, a sua proposta ética expande o universo da consideração moral.

Mas ao contrário de Rolston, que defende uma valorização prévia da natureza, ie, que o valor dos elementos não humanos é independente do juízo de valor que deles faz o ser humano, Callicott elege o sentimento como a entidade produtora de valores. Para este autor os seres individuais estão integrados num todo, e a identidade dos seres humanos surge na sua relação com outros elementos, humanos e não humanos. A dimensão relacional é que justifica o eu, e faz evoluir o egoísmo para o ambientalismo. A ética surge do sentimento de pertença à comunidade.

Já no biocentrismo proposto por Taylor o sentimento de respeito por todas as formas de vida é o que possibilita o valor moral da natureza. Taylor propõe um programa de ação cujo objetivo é chegar a uma harmonia do Homem com a natureza. A proposta deontológica de Paul Taylor defende que cada ser vivo individual – seja um animal, uma planta ou um micro-organismo, é um centro de vida teleológico que possui um bem-estar próprio que pode aumentar ou ser danificado. Taylor defende que todos os indivíduos que são centros teleológicos de vida têm um valor intrínseco equivalente, o que lhes dá direito a auferir de respeito moral. O ser e estar vivo, ie, a vida, é o critério para se falar de moral.

Afinal, porque é que a ética importa?

Os sistemas éticos fornecem-nos as respostas para sabermos como devemos agir. São eles que nos servem de referência para sabermos se uma determinada ação é correta ou errada, e que nos permitem posicionar e reagir perante questões como a clonagem, a eutanásia, a tourada e a caça, a poluição, a pobreza ou os limites da liberdade.

Para além da pluralidade ética que caracteriza a sociedade atual, que legitima comportamentos tão diferentes e antagónicos nas diferentes culturas humanas que coexistem na Terra, a nossa civilização vive num sistema onde ética e felicidade estão desconectadas. Muitos de nós acreditam que estão obrigados a escolher entre a felicidade e a virtude, como se a primeira fosse incompatível com a segunda. O que é verdade também para o mundo empresarial, onde é ainda comum a assumpção de que ser ético pode ser mau para o negócio, sendo por isso justificável atraiçoar o bem. Claro que nos podemos perguntar – como podemos viver, como pessoas, e como profissionais, de forma diferente, quando vemos tantas vezes triunfar os que desrespeitam os valores éticos? A resposta é mais difícil do que a pergunta, mas deve ser respondida individualmente. Caberá a cada um decidir a forma como pretende estar no mundo. De forma amoral, comportando-se como um predador na selva, ou como um indivíduo que reflete no seu comportamento os valores que o estruturam como ser humano.

Pelas novas propostas filosóficas de que falámos anteriormente, a ética não se esgota no comportamento humano. Os problemas ambientais globais que hoje enfrentamos exigem que a ética repense a relação entre o homem, a técnica e a natureza, e apresente novos modelos que nos permitam evoluir para o novo modelo civilizacional que seja capaz de ultrapassar as limitações duma sociedade tecnocientífica. À ética, hoje como em todo o passado da civilização humana, é pedida a tarefa de pensar e refundar um novo ideal de conduta que possibilite um mundo mais justo e feliz.

Pobreza e Biodiversidade, uma Visão Nacional

CAP. II

Reflexão sobre o combate à pobreza em Portugal

Edmundo Martinho
Presidente do Conselho Diretivo do Instituto da Segurança Social, IP. Coordenador Nacional do Ano Europeu do Combate à Pobreza e à Exclusão Social.

A Europa está prestes a lançar uma estratégia para o próximo decénio, conhecida como Estratégia EU 2020. Esta Estratégia tem como prioridades atingir um crescimento inteligente, sustentável e inclusivo.

A Estratégia propõe cinco objetivos quantificáveis entre os quais importa destacar, no campo social, uma meta concreta que aponta para a redução de vinte milhões de pobres no espaço europeu, até 2020.

Para sair da crise e construir um futuro sustentável, a Estratégia apoiou-se na Estratégia de Lisboa para traçar novos objetivos e metas de crescimento económico, defesa do ambiente, aumento do emprego e diminuição da pobreza, e tem merecido o apoio dos Estados Membros e dos *stakeholders* europeus.

Portugal, tal como os outros Estados Membros, terá que definir as suas próprias metas nacionais e contribuir para atingirmos os objetivos europeus em 2020. Para isso, faz todo o sentido refletirmos sobre as nossas políticas sociais e sobre o que devemos perspetivar para o futuro no âmbito do combate à pobreza e à exclusão. Esta aposta no futuro deve ser feita construindo a partir do que de positivo já foi feito, tal como está a ser feito no plano europeu com a Estratégia EU 2020. Existe espaço para o aperfeiçoamento das atuais políticas sociais, para melhorar os métodos de governação a todos os níveis e para a inovação.

Este artigo não dá soluções, antes pretende ser um contributo para a reflexão coletiva sobre o futuro do combate à pobreza e à exclusão em áreas sensíveis em que pensamos ser possível fazer mais e melhor.

Evolução de princípios e conceitos

As medidas fundamentais no combate à pobreza e à exclusão entroncam em conceitos e princípios que lhes dão um sentido e garantem a coerência do conjunto das medidas.

A ideia de que o Estado deve promover uma sociedade justa e solidária, isto é, deve assumir a responsabilidade pelo combate às situações de pobreza e de exclusão social, estriba-se no princípio da dignidade da pessoa humana e está inscrita na nossa Constituição.

Em matéria de princípios que balizam a intervenção, para além da abordagem centrada nos direitos de cidadania, que é transversal a todas as políticas sociais, merecem destaque a igualdade de oportunidades, a igualdade de género, o princípio da discriminação positiva e o da responsabilidade partilhada que aponta para a participação de todos no combate à pobreza e na própria definição das políticas.

No esforço de sensibilização feito no quadro do Ano Europeu de Combate à Pobreza e à Exclusão, duas das ideias centrais difundidas são a de que as políticas sociais visam repor direitos humanos e cívicos das pessoas mais desfavorecidas e a de que o combate à pobreza e à exclusão é uma responsabilidade de todos.

A evolução nos conceitos relacionados com o combate à pobreza é muito relevante porque influencia e tem uma tradução prática na definição das políticas sociais, sendo que o inverso também pode acontecer. Nos documentos fundamentais da Comissão Europeia e do Conselho da Europa, os conceitos de inclusão social e coesão social têm adquirido grande centralidade no combate às situações de pobreza e de exclusão.

No plano europeu, a Comissão Europeia aprovou, em 2008, um importante documento (COM 620) que lança os pilares de uma "estratégia para a inclusão ativa" que aborda este conceito sob uma nova luz, relacionando-o com o acesso aos direitos.

Esta é uma estratégia holística que, tendo como pilares a necessidade de garantir o acesso a condições de vida dignas, a empregos de qualidade e a serviços sociais com qualidade, pretende proporcionar percursos personalizados para o emprego e garantir aos que não podem trabalhar a possibilidade de viver com dignidade e contribuir na medida do possível para a sociedade.

Na Estratégia Revista para a Coesão Social (2005), do Conselho da Europa, o conceito de coesão social é definido como a capacidade de uma sociedade moderna para garantir a longo prazo o bem-estar de todos os seus membros.

Esta definição alicerça-se em quatro dimensões constitutivas da noção de bem-estar humano: equidade no acesso a direitos; dignidade individual (e coletiva); autonomia e realização pessoal e participação na vida da comunidade.

O conceito de coesão social, baseado nas ideias de bem-estar, acesso a direitos e exercício coletivo e participado da democracia, é visto como a base de desenvolvimento das políticas sociais e como um conceito político primordial na estratégia para a criação de sociedades modernas e sustentáveis.

A necessidade de políticas inclusivas é reafirmada na Estratégia EU 2020, onde o crescimento inclusivo significa ter uma economia com níveis elevados de emprego e que assegura a coesão económica, social e territorial.

O conceito de coesão social tem uma dimensão política centrada no objetivo de criação de um contexto institucional apropriado para o desenvolvimento de uma vida autónoma para todos, em que a relação entre o Estado e os cidadãos e os mecanismos de democracia participativa são decisivos. Podemos concluir que temos uma armadura conceptual sólida, baseada nas recomendações e orientações da UE. Contudo, neste aspeto concreto da participação dos cidadãos e da democracia participativa há muito por fazer.

No futuro, quer no plano de concepção das políticas quer no plano prático, devemos apostar em fortalecer as sinergias entre autoridades, cidadãos e as organizações da sociedade civil. Nesse sentido, precisamos de pensar na operacionalização de mecanismos que permitam que os cidadãos sejam sistematicamente informados e possam participar ativamente na definição das políticas que lhes digam respeito.

Melhorar o trabalho em rede para rentabilizar os recursos

Em Portugal, como no resto do mundo, estamos a viver uma crise económica e financeira que tem consequências sociais incontornáveis, que nos afetam a todos e em particular às pessoas mais desfavorecidas. Mesmo que se verifique o início da retoma económica, as consequências da crise mundial vão continuar a fazer-se sentir nos próximos anos.

Neste contexto, e não sendo previsível o aumento de recursos para investir no combate à pobreza e à exclusão social, o que devemos fazer é utilizar melhor os recursos existentes. Isto significa garantir que os recursos são aplicados de acordo com prioridades bem definidas, onde são mais necessários e que são rentabilizados, isto é, que evitamos todos os desperdícios e duplicações no trabalho desenvolvido.

Este é um esforço em que nos devemos empenhar a fundo no futuro e que passa por melhorar a governação a todos os níveis e objetivar e melhorar a eficácia e eficiência do trabalho em rede.

Em matéria de boa governação, no plano nacional, os esforços concentram-se em melhorar a coordenação interministerial e a articulação entre medidas de diferentes áreas de governação. As articulações interministeriais são indispensáveis para que determinados planos estratégicos ou intervenções de maior relevância tenham os seus efeitos maximizados.

Neste momento, está já em fase de implementação a Estratégia Nacional para a Integração das Pessoas Sem-Abrigo, contratualizada em março de 2009 pelas 17 entidades públicas e 5 uniões e confederações de instituições de solidariedade privadas que participaram na sua elaboração.

A Estratégia Nacional só foi possível porque a sua elaboração resultou de um processo amplamente participado, envolvendo técnicos e decisores, processo que o Comité de Proteção Social da Comissão Europeia considerou exemplar.

Estas entidades assumiram o compromisso de levar a Estratégia para a frente, criando as condições para passarmos de um modelo de intervenção descoordenado e centrado na resposta às situações de emergência para um modelo que aposta na articulação da ação de todas as entidades que estão no terreno para avançar no trabalho de efetiva reinserção das pessoas sem-abrigo.

Outro exemplo da importância das articulações interministeriais para fazer avançar soluções muito importantes atualmente e no futuro é o da Rede Nacional de Cuidados Continuados Integrados, cuja necessidade era imperiosa. Esta Rede dirigida a pessoas em situação de dependência, independentemente da idade, que precisem de cuidados continuados de saúde e de apoio social, de natureza preventiva, reabilitativa ou paliativa está a ser implementada graças ao trabalho conjunto do Ministério da Saúde e do Ministério do Trabalho e da Solidariedade Social. Estes são exemplos, no plano nacional, da importância da colaboração interministerial e da criação de boas estruturas de governação para melhorar o panorama da intervenção social em áreas específicas muito sensíveis.

No plano local o esforço de concertação entre parceiros e de rentabilização dos recursos existentes é assegurado pelas redes sociais locais, isto é, pelas Plataformas Supra-Concelhias (âmbito NUT III) e pelos Conselhos Locais de Ação Social (CLAS).

É nossa convicção que as Plataformas Territoriais Supra-Concelhias irão desempenhar um papel de enorme relevo, no futuro. As Plataformas são um espaço privilegiado para promover a circulação de informação relevante para a ação dos CLAS e troca de experiências entre os concelhos, para divulgar as boas práticas e também para avançar para a uniformização de alguns métodos de trabalho das diferentes entidades.

Em matéria de planeamento, as Plataformas Territoriais deverão formular os seus PDS supra-concelhios ou emitir orientações estratégicas para adaptar as prioridades, objetivos e metas do PNAI às características específicas dos seus territórios, orientações que os CLAS concretizarão nos PDS e Planos de Ação Locais.

No futuro, utilizando métodos de planeamento simplificados, centrados nas questões essenciais e facilitadores da tomada de decisões, e apostando na sincronização do planeamento aos diferentes níveis, será possível ver plasmadas as prioridades e metas do PNAI nos Planos de Ação Locais, num muito curto período de tempo.

A Rede Social adotou uma lógica de intervenção que pensa os problemas sociais como sendo multidimensionais e situados em territórios específicos, isto é, que pensa as pessoas no seu meio ambiente e que pensa o desenvolvimento dos territórios sempre associado à promoção do bem-estar de todos os cidadãos e das comunidades e, deste modo, rasgou caminhos de evolução que temos de continuar a percorrer.

Os Contratos Locais de Desenvolvimento Social (CLDS) foram pensados como instrumento de intervenção territorial das redes locais no quadro dessa lógica. Os CLDS são um exemplo de cooperação entre o Estado, incluindo os Municípios, e as Organizações de Solidariedade. Visam promover a inclusão social dos cidadãos, de forma multissetorial e integrada, através de ações a executar em parceria nos domínios do emprego, formação e qualificação, intervenção familiar e parental, capacitação da comunidade e das instituições, informação e acessibilidade, privilegiando territórios identificados como mais vulneráveis.

Talvez seja o momento de, em complementaridade com as intervenções mais capilares no âmbito dos CLDS, perspetivarmos um tipo de intervenções mais consistentes e duradouras, visando promover o crescimento económico inclusivo, isto é, servindo o desenvolvimento local, gerando empregos e contribuindo para a redução da pobreza, negociadas entre o Estado e os parceiros locais e geridas no contexto das Plataformas Supra-Concelhias.

O combate à pobreza infantil

Portugal tem obtido algum sucesso na redução sistemática da pobreza na última década. É particularmente relevante a redução do risco de pobreza nos idosos de 26 para 22%, entre 2006 e 2008. Contudo, no mesmo período, a pobreza infantil (0 aos 16 anos) cresceu de 21 para 23%, o que é preocupante.

As crianças são, presentemente, o grupo etário da população mais afetado pelas situações de risco de pobreza e, por isso, o combate à pobreza infantil tem que ser assumido como a prioridade das prioridades.

Mas existe outra importante razão para concentrarmos forças neste combate. Em Portugal temos uma percentagem elevada de pessoas em risco de pobreza que estão em situação de pobreza persistente, que se prolonga ao longo de anos e que tende a passar de pais para filhos. Para quebrar esta tendência para a reprodução geracional da pobreza mais severa, a intervenção junto das crianças das famílias mais pobres, com uma lógica preventiva, é indispensável.

Muitos estudos comprovam que a reprodução geracional da pobreza está muito ligada com a educação. Os filhos dos mais pobres são vítimas frequentes do insucesso escolar, do abandono prematuro e das inserções precoces no mercado de trabalho em empregos mal remunerados. São estes fatores que os condenam à pobreza.

A baixa escolaridade e a ausência de qualificações profissionais fazem com que estes jovens tenham dificuldades em aceder ao mercado de emprego ou estejam condenados aos empregos mais desqualificados ou, ainda, a enveredarem por caminhos de marginalidade. De facto, o abandono escolar prematuro, que atinge mais de 30% dos jovens que frequentam a escola, incide sobretudo nos jovens oriundos das famílias mais desfavorecidas.

Para combater a pobreza infantil e abrir perspetivas de futuro aos jovens de famílias pobres, são particularmente importantes as medidas promovidas no sistema educativo em estreita articulação com as medidas de proteção social.

No âmbito do sistema educativo merece destaque a Iniciativa Novas Oportunidades, que está a promover a formação/qualificação e o emprego através do reforço da oferta na via de ensino técnico-profissional para os jovens em idade escolar. Em 2009/2010 cerca de 150 mil jovens optaram pela via profissional, sendo que o ensino técnico-profissional já representa mais de 50% do ensino secundário.

Na área da proteção social, uma aposta forte é o investimento nos equipamentos e serviços para a infância. A taxa de cobertura em creches e amas deverá ser superior a 34%, durante o ano de 2010, superando a meta europeia de Barcelona de 33% de cobertura.

Na perspetiva da prevenção do abandono prematuro e do insucesso escolar, a universalização do ensino pré-escolar, isto é, conseguir que todas as crianças dos três aos seis anos frequentem este ensino, é decisiva.

Também merece destaque a Iniciativa para a Infância e Adolescência (INIA), que integra um vasto conjunto de medidas que visam:
- Promover o bem-estar das crianças prevenindo as desigualdades;
- Garantir a qualidade das aprendizagens e o acesso à informação das crianças;
- Combater a violência e discriminação contra as crianças.

No campo das políticas sociais, as medidas de apoio às famílias mais vulneráveis, como as famílias monoparentais e as famílias numerosas, concretizando o princípio da diferenciação positiva, são muito importantes porque têm repercussões na diminuição da pobreza infantil.

A prioridade no apoio às crianças mais pobres, a aposta forte na educação/formação e o apoio às famílias mais vulneráveis e com dependentes estão cada vez mais presentes nas políticas sociais e são também temas fortes do AECPES. E, no entanto, nesta área específica precisamos de fazer mais e melhor, designadamente, em matéria de prevenção.

Na perspetiva da prevenção, tanto na UE como em Portugal, tem vindo a afirmar-se a ideia de que a intervenção social junto das crianças dos meios mais pobres, pertencentes aos grupos etários dos 0 aos 6 anos e dos 6 aos 12 é essencial para prevenir a reprodução intergeracional da pobreza e promover a igualdade de oportunidades, facto demonstrado por vários estudos internacionais.

A educação e a prevenção do abandono escolar prematuro são cruciais no combate à pobreza infantil e são decisivas para haver uma efetiva inclusão social dos jovens mais pobres e para a sua perspetiva de acesso a empregos de qualidade.

Em Portugal, devemos estar atentos aos impactos da experimentação de novas metodologias de ensino, que estão a ser implementadas por vários projetos no ensino pré-escolar ou no primeiro ano de escolaridade, caso dos clubes de leitura e escrita para os alunos com mais dificuldades de aprendizagem. Estas foram testadas com grande efetividade na redução do abandono escolar e do insucesso noutros países, e, após avaliação, poderão ser disseminadas pelo país ou mesmo transformadas em políticas públicas nacionais.

O papel da economia solidária no futuro

No combate à pobreza e à exclusão social, a parceria entre o Estado e as organizações da rede solidária tem um papel fundamental. Esta parceria tem por base o facto de o Estado reconhecer às organizações do terceiro setor um papel complementar ao seu na realização das finalidades sociais.

A colaboração entre o Estado e as organizações da economia solidária estende-se a domínios tão vastos como a prestação de serviços sociais de proximidade aos cidadãos, a promoção de projetos de desenvolvimento local e a inclusão de pessoas em situação de pobreza e de exclusão.

A relação entre o Estado e as organizações do terceiro setor tem que ser uma relação dinâmica e viva, caracterizada pela responsabilidade e exigência mútuas e que deve estar em permanente evolução.

Presentemente, e no futuro próximo, o Estado e as organizações do terceiro setor estão empenhados na batalha pela qualificação dos equipamentos e respostas sociais existentes e a criar, por forma a garantirem a existência de serviços sociais de qualidade e o acesso dos cidadãos mais desfavorecidos a esses serviços.

Com esse objetivo foi implementado o Programa de Cooperação para o Desenvolvimento da Qualidade das Respostas Sociais, que resultou de um acordo entre o MTSS e as três Uniões representativas das Instituições de Solidariedade. O Programa foi criado para estimular as organizações de solidariedade a promover a qualidade das respostas sociais e promover a segurança do edificado.

As organizações da economia solidária estão, por isso, confrontadas com um desafio relativo à capacidade de modernizarem os seus processos de gestão e melhorarem a qualidade dos serviços para responderem melhor às necessidades dos cidadãos.

Mas existe um desafio maior, que contém o anterior e que se refere à capacidade de as organizações da economia solidária se transformarem em estruturas modernas, competitivas e dotadas de um espírito verdadeiramente empreendedor.

Em Portugal, como em toda a União Europeia, a economia solidária, também chamada terceiro setor, tem revelado grande vitalidade, sendo, comparativamente, o setor económico que mais cresceu e mais empregos gerou, contribuindo para o crescimento e desenvolvimento local e dos próprios países.

Contudo, as organizações da economia solidária em Portugal estão excessivamente dependentes dos financiamentos do Estado e, em muitos casos, não assumem normas de gestão e funcionamento modernas e eficazes que lhes permitam libertar-se, pelo menos parcialmente, dessa dependência.

A dependência de financiamentos públicos e a resistência à modernização são, por vezes, justificadas com as características específicas destas organizações, como o facto de serem não lucrativas, operarem na base do princípio da solidariedade e prestarem serviços sociais de interesse geral aos cidadãos, sobretudo aos mais desfavorecidos.

As organizações da economia solidária, dada a natureza dos serviços que prestam, continuarão a ser financiadas pelo Estado. Mas, pensamos que a economia solidária pode encetar este caminho da modernização e competitividade, mantendo as suas características e princípios distintivos, para que este setor da economia se consolide e se imponha cada vez mais como um forte vetor de crescimento e de coesão social.

Neste sentido, é indispensável avançar com iniciativas de formação em gestão de organizações não lucrativas, isto é, formar gestores sociais capazes de modernizarem as organizações da economia solidária. Estas organizações só têm a ganhar com a diversificação das suas atividades económicas e fontes de financiamento porque se tornam mais fortes, competitivas e independentes.

O empreendedorismo social procura resolver problemas sociais ou ambientais com intervenções inovadoras que devem ser capazes de produzir impacto social em larga escala. É com este espírito que devem atuar as organizações que prestam serviços sociais de interesse geral ou desenvolvem projetos de apoio às pessoas ou comunidades em risco de pobreza.

Num tempo de crise internacional económica e financeira, o empreendedorismo social regista uma importância crescente noutras duas vertentes: a criação de empresas sociais em áreas inovadoras, como a defesa do ambiente, e o apoio à criação do autoemprego.

O estímulo à criação do autoemprego, com recurso ao microcrédito e outras formas de financiamento ou o recurso a apoios especializados de estruturas de formação e de apoio à sustentabilidade do negócio, é uma solução para o desemprego, apenas acessível a alguns desempregados, mas que tem vindo a crescer e a obter um reconhecimento cada vez maior.

O mesmo reconhecimento têm vindo a obter as iniciativas que visam a criação de empresas ou de apoio ao próprio emprego em áreas inovadoras como a ecologia e a biodiversidade, criando os chamados "empregos verdes", através do desenvolvimento, por exemplo, da agricultura urbana, da criação de hortas comunitárias ou da recuperação de atividades quase extintas mas que continuam a ser úteis, não só porque contribuem para a proteção do ambiente e da biodiversidade, mas também porque geram empregos para pessoas com menos qualificações e dificuldades em aceder ao mercado de emprego.

Ambas são formas de empreendedorismo social que contribuem para a redução do desemprego e da pobreza e promovem o desenvolvimento local, pelo que merecem ser apoiadas para que se desenvolvam cada vez mais no futuro.

Empregos Verdes e Agenda do Trabalho Digno

Mafalda Troncho
Diretora da OIT - Lisboa

The mounting cost of energy-intensive production and consumption patterns is widely recognized. It is timely to move towards a high-employment, low-carbon economy. Green Jobs hold the promise of a triple dividend: sustainable enterprises; poverty reduction; and a job-centred economic recovery.

Juan Somavia, Diretor-Geral da OIT (março 2009)

1. A Agenda do Trabalho Digno

O conceito de trabalho digno, apresentado pelo Diretor-Geral da OIT na Conferência Internacional do Trabalho em 1999, resume as aspirações de homens e mulheres no domínio profissional e abrange vários elementos: oportunidades para realizar um trabalho produtivo com uma remuneração justa; segurança no local de trabalho e proteção social para as famílias; melhores perspetivas de desenvolvimento pessoal e integração social; liberdade para expressar as suas preocupações; organização e participação nas decisões que afetam as suas vidas; e igualdade de oportunidades e de tratamento. Dito de uma forma mais resumida, atualmente o principal objetivo da OIT consiste em promover oportunidades para que mulheres e homens possam ter acesso a um trabalho digno e produtivo, em condições de liberdade, equidade e dignidade.

Para que este objetivo se efetive, a OIT desenvolveu uma Agenda assente nos quatro objetivos estratégicos da Organização: a criação de emprego; a garantia dos direitos no trabalho; a extensão da proteção social; e a promoção do diálogo social. A pertinência desta Agenda foi reiterada no âmbito dos trabalhos da Comissão Mundial sobre a Dimensão

Social da Globalização que, entre outras conclusões, exortou as Organizações do sistema multilateral das Nações Unidas a definirem políticas económicas e laborais internacionais de uma forma mais integrada e coerente em torno do conceito de trabalho digno para todos(as). O Trabalho Digno era reconhecido como requisito fundamental de uma Globalização Justa. E esse reconhecimento foi sendo feito por várias instituições internacionais.

É neste contexto que, na Conferência Internacional do Trabalho de 2008, os mandantes tripartidos adotam a Declaração da OIT sobre Justiça Social para uma Globalização Justa. Com esta Declaração a OIT, através de uma profunda reestruturação, prepara-se para ser mais eficaz no apoio aos esforços dos seus mandantes no âmbito da justiça social e de um processo de globalização mais justo e inclusivo.

2. A Iniciativa para os Empregos Verdes

Estamos hoje confrontados com enormes desafios ambientais. A sua dimensão está bem patente nos números disponibilizados por um recente relatório do PNUA (Programa das Nações Unidas para o Ambiente)[1]. Entre 2000 e 2004, 262 milhões de pessoas foram afetadas anualmente por catástrofes relacionadas com o clima. Até 2025, 1.8 mil milhões de pessoas sofrerão com escassez de água doce, sobretudo na Ásia e em África. Prevê-se que o número de refugiados ambientais chegue, nos próximos anos, a 50 milhões. Cerca de 330 milhões de pessoas correm o risco de ser desalojadas em virtude de inundações. Atualmente 180 milhões de homens e mulheres sofrem com a falta de alimentos e de desnutrição, estimando-se que em 2080 este número chegue a 600 milhões. Por outro lado, a cada ano, a poluição provoca 2 milhões de mortes prematuras. Finalmente, em termos de biodiversidade, são cada vez mais as espécies em risco colocando em causa os(as) mais pobres que, vivendo normalmente em áreas de baixa produtividade agrícola, dependem dessa diversidade para sobreviver.

Esta degradação ambiental ameaça consideravelmente o desenvolvimento económico sustentável. O agravamento das alterações climáticas terá um impacto muito negativo na atividade económica e social de muitos setores, ao qual nenhum continente está imune.

Compatibilizar crescimento económico e desenvolvimento com um padrão ambiental sustentável obriga necessariamente a uma alteração em direção a um desenvolvimento limpo e a economias verdes com baixas emissões de carbono e trabalho digno.

Neste contexto, a OIT, o PNUA, a OIE (Organização Internacional de Empregadores) e a CSI (Confederação Sindical Internacional) juntaram-se em torno de uma iniciativa conjunta designada de «Iniciativa para os empregos verdes». Esta procura apoiar os esforços concertados

---

[1] «Empregos verdes: trabalho digno para um mundo sustentável e com baixas emissões de carbono», no âmbito da Iniciativa Empregos Verdes (PNUA, OIT, OIE e CSI), *Worldwatch Institute*, 2008.

de governos, empregadores e sindicatos na prossecução de transições justas para os empregos ecologicamente sustentáveis e o desenvolvimento num mundo confrontado com alterações climáticas. Numa primeira fase a Iniciativa propõe-se recolher testemunhos e exemplos da criação de empregos verdes, resultando num estudo completo relativo ao impacto duma economia verde emergente no mundo do trabalho. Numa segunda fase, a Iniciativa visa ajudar à formulação e implementação de políticas através da avaliação macroeconómica e setorial da criação potencial de empregos verdes.

Mas que significa a expressão emprego verde?

De uma forma geral, entende-se por empregos verdes, empregos que reduzem o impacto ambiental de empresas e de setores económicos para níveis que sejam pelo menos sustentáveis. Falamos, nomeadamente, de empregos que protegem os ecossistemas e a biodiversidade; reduzem o consumo de energia, materiais e água através de estratégias de elevada eficiência; descarbonizam a economia; e minimizam ou evitam todas as formas de poluição ou produção de resíduos. Os empregos verdes podem ser criados em todos os setores e empresas, em áreas urbanas ou rurais, do trabalho manual a qualificado e em todos os países independentemente do nível de desenvolvimento.

Os estudos já efetuados no âmbito da Iniciativa permitiram concluir que já existem milhões de empregos verdes em todo o mundo e identificar setores com elevado potencial. De acordo com o Relatório já citado:

- No setor das fontes renováveis de energia foram criados nos últimos anos 2.3 milhões de empregos verdes.
- O setor de eficiência energética revela-se como o que encerra maior potencial quer no que diz respeito à redução de emissões de gases quer no que diz respeito à criação de empregos.
- Os sistemas de transportes públicos, com especial destaque para os comboios, apresentam os níveis mais baixos de emissões e um enorme potencial no que diz respeito a empregos verdes.
- A reciclagem desempenha um papel fundamental na redução do impacto de indústrias como o ferro, o aço, o alumínio, o cimento, o papel e a celulose, responsáveis a nível global por grandes consumos energéticos e de matéria-prima e de emissões de gases.
- Na agricultura, destacam-se a produção biológica, as pequenas propriedades rurais e os programas de preservação do meio ambiente, como exemplos geradores de impactos positivos e potenciadores de empregos verdes.
- Os dados disponíveis apontam para o papel fundamental que os empregos verdes florestais assumirão no futuro.

3. Empregos Verdes, Trabalho Digno?

Para a OIT o conceito de «empregos verdes» resume a transformação das economias, das empresas, dos ambientes de trabalho e dos mercados laborais em direção a uma economia sustentável que proporcione um trabalho digno com baixo consumo de carbono.

Deve, no entanto, ser sublinhado que, por vezes, ouvimos falar em empregos verdes que não são sinónimo de empregos dignos. De facto, algumas indústrias, ligadas a questões ambientais (de que são exemplo as indústrias ligadas à gestão dos lixos e à reciclagem), têm estado associadas a precariedade e baixos salários. É necessário, portanto, garantir que proporcionem rendimentos adequados, proteção social e respeito pelos direitos dos trabalhadores e das trabalhadoras e que lhes permitam expressar a sua opinião nas decisões que afetarão as suas vidas.

A Agenda do Trabalho Digno defende a promoção do crescimento de empresas verdes e empregos verdes, através da implementação de políticas ativas do mercado de trabalho que combinem proteção social e o desenvolvimento de competências a fim de ajudarem empresas e trabalhadores(as) a adaptarem-se às mudanças; de condições de trabalho seguras para as pessoas e para o ambiente; do respeito pelos direitos laborais e pelo diálogo social, fundamental para a elaboração de respostas eficazes.

Fonte: Green Jobs: Towards Decent Work in a Sustainable, Low-Carbon World, UNEP/ILO/IOE/ITUC, September 2008, p.40.

4. Promover a igualdade de género através dos Empregos Verdes

Uma das áreas fundamentais nas quais a OIT intervém e que integra a sua agenda para o trabalho digno é a da igualdade de género. Numa recente campanha, neste domínio, a Organização destacou o papel dos empregos verdes na promoção da igualdade de género. Porquê este destaque? Porque as mulheres se encontram em situação de maior vulnerabilidade face às mudanças climáticas. Várias razões concorrem para esta evidência: as mulheres representam a maioria dos pobres no mundo; dependem mais dos recursos naturais; têm menos acesso do que os homens aos recursos para melhorar a sua capacidade de adaptação às alterações climáticas (terra, crédito, inovações agrícolas, tecnologia e formação); a grande maioria trabalha no setor informal e nas pequenas empresas; e nas sociedades com maiores desigualdades, morrem mais mulheres que homens nas catástrofes naturais (os rapazes recebem tratamento preferencial nas operações de socorro e tanto as mulheres como as raparigas são prejudicadas nas ajudas alimentares e económicas no período pós-catástrofe).

Por outro lado, é convicção da OIT que as mulheres são potenciais «agentes de mudança» na adaptação às alterações climáticas. Em primeiro lugar, porque já desempenham um papel mais importante na gestão dos recursos naturais (por exemplo, na pequena agricultura) assegurando a alimentação e prestação de cuidados às suas famílias. Depois, tendem a partilhar informação relacionada com o bem-estar da comunidade, escolhem fontes de energia menos poluentes e adaptam-se mais facilmente às mudanças ambientais. Finalmente, têm dado um contributo valioso quando treinadas na prevenção e minimização de estragos de catástrofes.

Neste sentido, devem ser promovidas ações para aproveitar os conhecimentos e capacidades de gestão dos recursos naturais das mulheres quando se elaboram políticas e iniciativas de proteção ambiental e de minimização do impacto das alterações climáticas. As mulheres, bem como os homens, devem ser chamadas a participar no processo de tomada de decisão, na elaboração de políticas e nas atividades de planificação locais e comunitárias. A nível nacional e local, deve apostar-se na educação e formação das mulheres no domínio das mudanças climáticas, estimular o reforço da capacidade e a transferência de tecnologia e garantir os recursos específicos para a sua participação nos benefícios e oportunidades oferecidas pelas medidas de redução e de adaptação.

5. Um Pacto Global para o Emprego centrado na agenda do trabalho digno: os empregos verdes no combate à crise

Segundos dados da OIT, disponibilizados em 2008[2], 1.3 mil milhões de trabalhadores(as) pobres sobrevivem com menos de dois dólares por dia, ou seja, 43% dos(as) trabalhadores(as) mundiais; 190 milhões de pessoas estão desempregadas; 5.3 mil milhões sem acesso a segurança social; 1.6 mil milhões sem acesso a energia; e mil milhões sem acesso a água potável e saneamento básico. Muitos destes números foram agravados no atual contexto de grave crise económica e social.

Na 98ª sessão da Conferência Internacional do Trabalho foi adotado, pelos mandantes tripartidos da OIT, o Pacto Global para o Emprego como parte da resposta coordenada das Nações Unidas à grave crise. O Pacto coloca a agenda do trabalho digno no centro do combate à crise. Não constituindo uma solução mágica, o Pacto traduz-se num conjunto de opções de medidas concretas propostas pelos atores da economia real aos Estados-membros para aplicação adaptada à realidade de cada um.

Esta resposta do trabalho digno à crise tem como principais objetivos: acelerar a criação e recuperação do emprego e apoio às empresas; trabalhar para que todos tenham acesso a um regime básico de proteção social; promover o diálogo social: reforçar a negociação coletiva para identificar prioridades e estimular a ação; desenvolver empresas sustentáveis. O Pacto apela a uma cooperação internacional que prossiga um quadro regulador do setor financeiro, promova o comércio e evite o protecionismo, coordene estratégias de ação integradas anticrise, com enfoque em medidas sustentáveis do ponto de vista ambiental, e apoie os países menos desenvolvidos no alcance dos Objetivos do Milénio.

Para a OIT deve transformar-se esta crise numa oportunidade para a criação de novos caminhos, em torno de uma visão assente na construção de uma globalização justa e sustentável com respeito pelo meio ambiente, criação de empregos e empresas sustentáveis, respeito pelos direitos dos(as) trabalhadores(as), promoção da igualdade de género e proteção dos grupos vulneráveis.

Entre as medidas de resposta à crise, o Pacto propõe o investimento no «verde» e numa economia baseada no conhecimento. O potencial de criação de emprego associado às questões ambientais é imenso, da proteção florestal à poupança energética, da gestão hídrica à reciclagem... Por todo o mundo, incluindo nos países da União Europeia, mas também em países como os Estados Unidos da América ou a Coreia do Sul, a aposta nos empregos verdes foi uma vertente

---

[2] *Green Jobs, Facts and Figures - UNite to combat CLIMATE CHANGE, ILO Geneva, September 2008*

importante dos pacotes de estímulo da economia. Cada vez mais, assistimos a uma consciência crescente de que não é possível manter o crescimento sem atender à qualidade ambiental.

6. Notas finais

Biodiversity and natural resources are of immense economic and social significance to economies, entreprises and workers everywhere. They directly underpin over one billion jobs globally in agriculture, fisheries and forestry. Today, one out of every three workers earns a living in these sectors. Biodiversity and nature are also backbone of industries such as tourism, one of the most rapidly growing sources of employment in many countries.

Juan Somavia, Diretor-Geral da OIT, no Dia Mundial do Ambiente (5 de junho de 2010)

Proteger a biodiversidade e os recursos naturais significa também criar emprego, hoje e para o futuro. Existe um enorme potencial de criação e manutenção de empregos em todo o mundo através de uma gestão ambiental sustentável – por exemplo, na recuperação de florestas degradadas ou no desenvolvimento de sistemas de limpeza de rios que preservam os solos e asseguram o fornecimento de água potável.

Como todos os casos de reestruturação económica, haverá perdas e ganhos de emprego na transição para uma maior sustentabilidade. Novos empregos serão criados, mas isto não significa necessariamente que estejam reservados para aqueles(as) que perderam o seu emprego. As novas tecnologias e qualificações exigidas pelos empregos verdes obrigam a que empresas e trabalhadores(as) estejam preparados(as) para enfrentar esses desafios e a que sejam definidas políticas que protejam e incluam todos(as) os(as) trabalhadores(as) neste processo de transição económica.

Trata-se de um período que exigirá mudanças nas estruturas de emprego, nos modelos de investimento e na aquisição de qualificações. Por isso, é fundamental partir de uma análise precisa das oportunidades de criação de novos empregos verdes numa determinada economia, que identifique em concreto os riscos e os ganhos envolvidos na transição gradual de empregos não sustentáveis para empregos verdes. O sucesso na resposta depende não só do diálogo social – condição básica –, mas também do envolvimento de outros parceiros, tais como centros de investigação e universidades, pois o âmbito destas questões estende-se além dos mandantes tripartidos da OIT.

Para alcançar os resultados pretendidos, é ainda fundamental a coordenação com as áreas governamentais ligadas aos assuntos económicos, assegurando uma coerência de políticas, integradas para responder a este desafio.

Todos(as) temos a ganhar com uma economia verde. Como referido anteriormente, a transição para economias verdes é especialmente importante no atual contexto de crise e indispensável para um desenvolvimento sustentável, protegendo os grupos mais vulneráveis. Por isso, os empregos verdes dignos fazem a interligação entre o ODM 1 (fim da pobreza e da fome) e o ODM 7 (assegurar um ambiente sustentável).

Neste contexto, os empregos verdes permitem lidar eficazmente com dois dos maiores desafios deste século – proteger o meio ambiente e prosseguir a agenda do trabalho digno, único caminho na redução da pobreza.

7. Alguns links relacionados

Na base deste artigo está a informação disponibilizada nos seguintes documentos, disponíveis para consulta on-line:

Publicações de referência:

* *Brochura sobre o programa de empregos verdes da OIT*
  www.ilo.org/integration/resources/pubs/lang--en/docName--WCMS_107815/index.htm

* *Decent Work for sustainable development – Director-General's introduction to the ILC (2007)*
  www.ilo.org/global/What_we_do/Publications/Officialdocuments/Director-Generalsreports/lang--en/docName--WCMS_085092/index.htm

* *Relatório sobre Empregos Verdes (setembro 2008)*
  www.ilo.org/global/What_we_do/Publications/Newreleases/lang--en/docName--WCMS_098503/index.htm

* *Material de formação do Centro Internacional de Formação da OIT em Turim*
  http://greenjobs.itcilo.org

Exemplos de projetos no mundo:
- www.ilo.org/global/About_the_ILO/Media_and_public_information/Feature_stories/lang--en/WCMS_084547/index.htm
- www.ilo.org/public/english/region/asro/beijing/download/factsheet/greenjobs.pdf
- www.ilo.org/wcmsp5/groups/public/---dgreports/---integration/documents/presentation/wcms_098498.pdf
- http://greenjobs.itcilo.org/ilo-projects

Para mais informação sobre a OIT e os Empregos Verdes:
www.ilo.org/integration/themes/greenjobs/lang--en/index.htm

Para mais informações sobre a OIT em Portugal:
www.ilo.org/lisbon

Existe uma pobreza no feminino? Uma reflexão sobre indicadores de pobreza numa perspetiva de género[1]

José António Pereirinha
Professor Catedrático do ISEG/ Universidade Técnica de Lisboa

A análise da pobreza com uma dimensão de género ganhou especial relevo na literatura científica nos anos 70s do século XX, com o surgimento da tese da "feminização da pobreza" (Pearce, 1978), fenómeno que tem sido constatado em estudos empíricos mais recentes (Brady & Kall, 2007).

Surgiu também, na mesma década, uma preocupação política com as questões de género e com as desigualdades entre homens e mulheres, com a promoção da Década das Nações Unidas para as Mulheres, nos anos que decorreram entre 1976 e 1985. Mas a preocupação política, a nível internacional, com a especificidade dos direitos das mulheres surge com mais clareza e vigor na década de 90 do século XX, com a Conferência de Pequim sobre as Mulheres, realizada em 1995 pelas Nações Unidas e a adoção de uma Declaração e uma Plataforma de Ação.

Foi assim dado um contributo decisivo para o aprofundamento da problemática do género e foram colocadas nas agendas políticas nacionais e internacionais as questões de igualdade entre homens e mulheres em termos de direitos humanos. Uma das áreas críticas dessa Plataforma de Ação foi precisamente a realidade da pobreza entre as mulheres (Pereirinha *et al.*, 2008). É sobre a relevância atual deste tema na União Europeia, quer em termos científicos quer em termos de atuação política, que vamos tratar neste capítulo.

---

[1] Este texto segue muito de perto o meu contributo para o II Relatório do Sistema Integrado de Informação e Conhecimento (SIIC) da Comissão para a Cidadania e Igualdade de Género, junho 2010, sobre Indicadores de Pobreza numa Perspetiva de Género, que tem suporte metodológico em Pereirinha et al. (2008).

Pobreza na UE: dimensão de género

A perspetiva de género esteve por muito tempo ausente na análise da pobreza na União Europeia, não obstante a importância que tem sido dada às questões relativas às desigualdades entre homens e mulheres, quer em documentos políticos quer em relatórios regularmente difundidos, com destaque para as desigualdades salariais, a melhoria do equilíbrio entre trabalho e vida doméstica, a eliminação da violência e tráfico de seres humanos, etc. A preocupação política com a pobreza numa perspetiva de género surgiu na União Europeia com a aprovação, em 2005, de uma Declaração Ministerial que reitera os compromissos assumidos na Plataforma de Ação de Pequim. O Parlamento Europeu e o Conselho da União Europeia instituíram o ano de 2007 como o Ano Europeu da Igualdade de Oportunidades para Todos, onde as desigualdades de género assumiram grande relevância e onde a problemática da pobreza numa perspetiva de género foi um dos temas fortes de análise e debate político.

Segundo dados do EUROSTAT referentes a 2007, a taxa de risco de pobreza na União Europeia era de 17% para as mulheres e de 15% para os homens, sendo a posição relativa da mulher em relação ao homem mais desfavorável para a população idosa (taxa de pobreza de 22% para as mulheres, comparado com 17% para os homens). A medição da pobreza, assunto que tem merecido ampla atenção na literatura científica e nos debates políticos, ganha assim especial expressão quando aí introduzimos a dimensão de género.

Género e Pobreza

Mas encarar o fenómeno da pobreza numa perspetiva de género é diferente, e bastante mais exigente do que efetuar a mera decomposição, entre homens e mulheres, das estatísticas sobre a pobreza, como se apresentam nas estatísticas atrás. Consiste em analisar, com um enfoque próprio, as desvantagens relativas de homens e mulheres tomando como referência normas sociais que vigoram na sociedade. E essas normas não são neutras em termos de género. Por outro lado, os défices de bem-estar em relação a essas normas são o produto de fatores específicos e diferenciados entre homens e mulheres. Medir a pobreza e monitorizar as atuações políticas que lhes são dirigidas exige tomar em consideração essa especificidade.

Como veremos neste capítulo, a relevância da dimensão de género do fenómeno da pobreza é maior do que as diferenças entre homens e mulheres que estas estatísticas revelam. Por um lado, a diferença de taxas de incidência da pobreza entre os dois sexos é provavelmente maior do que as estatísticas revelam, por razões que adiante explicaremos. Isto coloca questões relevantes para a medição deste fenómeno e sobre a natureza dos indicadores sociais para o seu acompanhamento. Por outro lado, as causas destas diferenças colocam, do lado dos homens e do lado das mulheres, além de fatores explicativos comuns, causas distintas da realidade da pobreza entre os dois sexos. Poderá dizer-se, sem exagero, que há uma pobreza (também) no feminino.

Medição (convencional) da pobreza

Vejamos as questões relativas à medição. Sabemos que, numa certa sociedade num dado ano, uma pessoa é pobre se tiver um nível de bem-estar inferior ao que for considerado como norma social, nessa sociedade e nesse ano. Considera-se que o rendimento que alguém aufere, ao gerar bem-estar a quem o utiliza, pode ser uma forma, indireta mas aceitável, de medir o bem-estar. E convencionou-se considerar pobre quem tiver um rendimento inferior a 60% do rendimento mediano do país onde reside. Mas como se mede o rendimento de alguém? Convencionou-se que, para as pessoas que vivam em famílias, o rendimento familiar é a soma de todos os rendimentos que essa família aufere (salários, pensões, juros dos depósitos bancários, subsídios, etc). E também que o rendimento de cada pessoa nessa família é igual ao quociente do rendimento familiar pelo número de pessoas dessa família, isto é, o rendimento médio individual nessa família. É desta maneira que o EUROSTAT mede o fenómeno da pobreza. E é este o significado dos números apresentados acima.

Pelo método de cálculo usado, baseado no rendimento familiar e na hipótese de repartição igual do rendimento entre os membros da família, estas estatísticas ignoram diferenças intrafamiliares de *comando* do rendimento, no duplo sentido de *acesso* (obtenção do rendimento) e *controlo* (utilização do rendimento). Estas diferenças, que frequentemente discriminam as mulheres no seio da família, sempre ignoradas pelos métodos convencionais, tornam estes métodos inadequados para refletir as diferenças de poder económico entre homens e mulheres no seio da família, e exigem um especial olhar crítico sobre a natureza dos indicadores da pobreza numa perspetiva de género.

Uma abordagem específica de género

A necessidade de uma abordagem específica, em termos de género, para a concepção de um sistema de indicadores sobre a pobreza, tem sido frequentemente argumentada na literatura. Está bastante generalizada a opinião de que um tal sistema vai muito para além de uma mera desagregação por género (distinção entre homens e mulheres) de indicadores gerais da pobreza, antes requerendo indicadores específicos, que resultem de uma clarificação teórica que os suporte.

Esta especificidade de género nos indicadores de pobreza é suportada em três argumentos principais. Em primeiro lugar, considera-se que, para além dos mecanismos gerais que determinam situações de pobreza, e que afetam homens e mulheres do mesmo modo, existem processos sociais e económicos específicos que afetam de forma não necessariamente igual homens e mulheres na sociedade. Em segundo lugar, a compreensão desses processos requer a utilização de um conceito da pobreza que abarque a complexidade e a multidimensionalidade deste fenómeno social quando esta diferença está contemplada nas análises. Em terceiro lugar, é necessário um aprofundamento da investigação teórica que dê lugar a uma incorporação, no quadro analítico deste fenómeno social, das várias áreas disciplinares requeridas para a sua compreensão, bem como das metodologias de análise que lhe são próprias.

Pobreza: conceito multidimensional ...

A pobreza é um conceito multidimensional, não apenas no que respeita às diversas dimensões da privação nas sociedades atuais (tendo em consideração as normas nessas sociedades), mas também em termos das múltiplas dimensões específicas em que as mulheres, devido aos processos económicos e sociais que lhe são próprios (e que distinguem homens e mulheres), se podem encontrar privadas dos recursos essenciais para o seu bem-estar. As principais dimensões de bem-estar associadas à pobreza nas mulheres, como é refletido na Plataforma de Ação de Pequim, são identificadas como: educação e formação profissional, mercado de trabalho, recursos económicos, proteção social, família e vida privada, saúde, habitação, segurança e participação na vida pública. Estas dimensões especificam o conteúdo do conceito de pobreza a adotar, no sentido de privação de bem-estar, mas também identificam os principais blocos de um modelo de análise requerido para a monitorização da atuação política.

... com conteúdo normativo

A utilização de uma perspetiva de género nas análises da pobreza requer, como se disse, o uso de um conceito de pobreza que ultrapasse a sua expressão monetária, devendo basear-se numa concepção multidimensional do bem-estar da mulher. Esta perspetiva de análise requer a identificação do seu carácter normativo, tendo em consideração os diversos domínios que devem caracterizar as vulnerabilidades de género.

A Declaração da Ação de Pequim identificou a pobreza como uma das áreas críticas mobilizadoras de atuação política. A promoção e a proteção dos direitos humanos entre as mulheres devem ser consideradas objetivos fundamentais, como condição necessária para o empoderamento (*empowerment*) das mulheres, para o seu bem-estar e para a erradicação da pobreza.

De acordo com esta perspetiva, a pobreza entre as mulheres é encarada como a privação de direitos humanos básicos devida à escassez de recursos, em vários domínios, que restrinja ou ponha em causa "a possibilidade de realizar o seu pleno potencial na sociedade e organizar as suas vidas de acordo com as suas aspirações" [Plataforma de Ação de Pequim, adotada na IV Conferência Mundial das Nações Unidas sobre as Mulheres em 1995 (parágrafo 12)].

Esta concepção e abordagem da pobreza correspondem à perspetiva de Amartya Sen (1973, 1985), quando este autor considera que o que de facto conta para uma avaliação normativa do bem-estar não é o que as pessoas têm (*commodities*) mas, antes, o que as pessoas conseguem ser ou fazer (*capabilities*). As *capabilities* das pessoas são os seus potenciais *functionings* (isto é, os seus seres – "beings" e os seus *fazeres* – "doings") na sociedade. A seleção destes *functionings* e das *capabilities* que são requeridas na sociedade assenta então numa interpretação normativa das *capabilities* e dos *functionings* que se encontram explicitados na Declaração da Ação de Pequim.

Uma abordagem teórica própria

É necessária uma abordagem teórica própria para analisar a pobreza numa dimensão de género. Esta análise vai muito para além da sua medição e caracterização estatística, devendo centrar a atenção sobre os seus fatores explicativos. Esta orientação tem duas implicações. Por um lado, analisar a pobreza das mulheres significa observar os fatores determinantes da pobreza que são específicos das mulheres. Isto significa que teremos de identificar as variáveis que melhor correspondam a esta perspetiva *diferencial* (em termos de género) na análise da pobreza.

Por outro lado, esta análise requer que se observe de que modo os fatores explicativos da pobreza atuam ao nível do indivíduo, mas no contexto (e no interior) da família a que pertencem. Isto significa que estaremos a analisar a pobreza olhando para dentro da família, onde habitualmente se ignoram as diferenças entre indivíduos, devendo tornar explícitas dimensões intrafamiliares da geração da pobreza.

Escolha de indicadores

A escolha de indicadores deverá também refletir a consideração explícita do conjunto de relações causais entre variáveis que caracterizam a perspetiva de modelização teórica da pobreza das mulheres. Estas variáveis são aquelas que atrás se referiram como identificando as principais dimensões de bem-estar associadas à pobreza das mulheres (Pereirinha *et al.*, 2008:71-98).

A pobreza é um fenómeno que, caracterizando-se pela ocorrência de défices de bem-estar relativos a uma certa norma social, tem origem na escassez de recursos económicos, isto é, de rendimento. Mas a origem do rendimento é a atividade económica. Encontramos, numa primeira instância, na educação e formação profissional, a origem da possibilidade de boas prestações no mercado de trabalho e obtenção de rendimento salarial elevado e sustentado.

É então ao nível das variáveis "educação" e "formação profissional" que se encontram domínios das variáveis causais (e também de variáveis de atuação política) de fenómenos de pobreza. Esta análise requer, porém, que se observe o interior da família para que se tenham em consideração os diferenciais de género no comportamento individual relativamente a estes fatores causais.

Por outro lado, os recursos económicos obtidos pelos membros da família são distribuídos por estes membros, podendo haver diferenças de género que originem desigualdade nesta distribuição com implicações no bem-estar das mulheres. Aliás, poderão existir, no seio das famílias, diferenças interpessoais no poder de utilização dos recursos económicos que sejam baseadas em diferenças de género. Estas desigualdades de poder económico, de obtenção de recursos e de decisão sobre a sua utilização, são fatores relevantes de desigualdades de bem-estar e, estando associados ao género, constituem-se como fatores determinantes de pobreza numa perspetiva de género e, especificamente, fator de pobreza das mulheres. As diferenças intrafamiliares de bem-estar e as desigualdades de poder entre os membros da família estão, aliás, a surgir como novas áreas de investigação e de preocupação política nos estudos de género.

Os fatores causais da pobreza acima referidos atuam ao nível individual e refletem relações de poder relacionadas com o género e comportamentos económicos no interior da família. Mas existem outras dimensões do bem-estar que refletem em grande medida o contexto da família, quer no que respeita às instituições do Estado-providência (relativamente à proteção social), quer no que respeita à sociedade encarada genericamente e como um todo, em que merece realce a segurança e a participação na vida social.

A pobreza tem uma dimensão de género, requerendo, portanto, indicadores sociais adequados para refletir tendências temporais da pobreza entre as mulheres e variações da posição relativa de Portugal no quadro da União Europeia, bem como para monitorizar o efeito de políticas públicas. A perspetiva teórica que tem sido adotada consiste em propor um conjunto de indicadores de pobreza que sejam complementares aos indicadores gerais de pobreza, acrescentando-lhes uma dimensão de género. Tais indicadores seguem uma abordagem multidimensional e diferencial de género e baseiam-se na relação causal que está subjacente a este fenómeno. A relação "educação" -> "mercado de trabalho" -> "independência de recursos" é crucial para esta dimensão de género, em que a atenção está centrada na mulher enquanto indivíduo inserido no seu contexto familiar.

Um sistema de indicadores de pobreza numa perspetiva de género deve, então, localizar-se neste quadro analítico, isto é, dentro do referido conteúdo *conceptual* de pobreza, na perspetiva *teórica* indicada, bem como de acordo com a opção de modelização dos fatores causais da pobreza, onde se localizam igualmente as variáveis de ação política [2].

Educação e formação profissional

A educação e a formação profissional constituem dimensões essenciais do bem-estar, sendo a existência de um nível baixo de educação e de qualificação um fator potencial de pobreza e exclusão social, devido à fraca participação no mercado de trabalho que daí resulta. Na União Europeia (UE-25), em 2005, apenas metade das mulheres com qualificações baixas estavam empregadas, sendo essa percentagem de 85% para as que têm altas qualificações. Esta

---

[2] A análise que se segue baseia-se no sistema de indicadores por nós proposto e apresentado no II Relatório do Sistema Integrado de Informação e Conhecimento (SIIC) da Comissão para a Cidadania e Igualdade de Género, junho de 2010.

disparidade é muito inferior para os homens (83% dos não qualificados e 93% dos altamente qualificados estavam empregados).

Portugal evidencia, desde 1990, um bom posicionamento da mulher relativamente à frequência do ensino superior, que coloca a posição relativa do país a um nível bastante destacado, no plano europeu, ao longo deste período longo. Já em relação à frequência de ações de formação ao longo da vida, a situação de Portugal é de fraca participação, não se identificando influência de género neste indicador, como sucede em geral nos países do sul da Europa, ao contrário do que acontece em outros países europeus, em que há desvantagem relativa das mulheres (nos países de regime *conservador-corporativo*, continentais, ou os que seguem o modelo *liberal*, anglo-saxónicos) ou de desvantagem relativa para os homens (no caso dos países de regime *social democrata*, escandinavos). Já o uso das novas tecnologias coloca a mulher, em Portugal, numa situação de clara desvantagem em relação ao homem.

Esta desvantagem de género é, em Portugal, superior à que se regista nos outros países do sul da Europa, sendo nos países anglo-saxónicos e nos escandinavos que se nota algum equilíbrio entre homens e mulheres e, portanto, ausência de influência de género no uso das novas tecnologias. A leitura conjunta destes indicadores prenuncia a ação de mecanismos de empobrecimento com diferenciação de género, apontando para a existência de alguma estratificação social em que o acesso ao ensino superior vem colocando a mulher numa situação de não-desvantagem (ou mesmo de vantagem) relativamente ao homem, ao mesmo tempo que a participação no mercado de trabalho é igualmente (entre homens e mulheres) não acompanhada de processos qualificantes pela formação, mas situando a mulher numa posição de desvantagem relativa nos processos mais exigentes em termos de adaptação às mudanças tecnológicas.

Mercado de trabalho

A participação no mercado de trabalho é um fator determinante da pobreza e exclusão social, pelo seu efeito na determinação do rendimento e pela sua integração na dinâmica social. E a este respeito a mulher está em desvantagem em comparação com o homem, quer em termos de taxa de desemprego (a da mulher é 25% superior à do homem na UE-25, em 2005) quer em termos de diferenciação de ganhos salariais (os ganhos masculinos são, em média, superiores em 15% aos femininos, na UE-25).

A diferenciação salarial por género ("*gender pay gap*") é baixo em Portugal, dos mais baixos na Europa, tendo-o sido sempre ao longo da última década. Trata-se de um indicador médio, que não compara qualificações ou profissões idênticas entre homens e mulheres, pelo que reflete o efeito "composição" do emprego por atividades, profissões, qualificações. Pode dizer-se, acautelando as limitações deste indicador, que não existe uma influência de género nas determinantes da pobreza no que respeita aos ganhos salariais, quando olhamos para os ganhos médios. Mas daqui não pode concluir-se que não existe uma influência de género nas causas da pobreza que radicam na origem do rendimento pela atividade económica. Para se poderem retirar conclusões sobre esta influência é preciso conhecer a distribuição dos salários masculinos e femininos e a distribuição do *pooling* de rendimento salarial que ocorre no seio da família. Um elemento importante, nesse sentido, é conhecer a taxa de desemprego. Em Portugal a taxa de desemprego é (e tem sido ao longo da década) mais elevada para as mulheres que para os homens. Esta é a situação geral na Europa, se excetuarmos a realidade dos países anglo-saxónicos e escandinavos, onde as diferenças de género são mínimas. Mas contrasta, mesmo assim, com diferenças de género, desfavoráveis para a mulher, muito mais acentuadas nos restantes países do sul da Europa: Portugal, no contexto destes países, apresenta uma muito menor desvantagem relativa da mulher em relação ao homem.

É importante conhecer a vulnerabilidade das relações laborais e em que medida há diferenças de género nessa dimensão de análise do mercado de trabalho. Há diferenças marcadas entre os países europeus. Em Portugal, ao contrário dos outros países da Europa do Sul, os homens têm uma maior expectativa de perda de emprego do que as mulheres. Por outro lado, são menores as expectativas das mulheres, em comparação com os homens, de melhorar a sua situação laboral. Esse é genericamente o panorama na Europa.

Outro aspeto importante é o da conciliação da vida profissional com a vida familiar. Os indicadores escolhidos revelam, genericamente nos países da Europa, que existe um efeito de sobrecarga de trabalho nessa acumulação de tarefas profissionais com responsabilidades familiares, que ocorre com mais frequência (nada se pode afirmar sobre a sua intensidade) entre as mulheres que entre os homens, e esta diferença é muito acentuada em Portugal (ainda que nada se possa dizer se esta diferença tem natureza anómala, ou não). Também o efeito de desvio que a atividade laboral tem sobre o cuidado da família é, em Portugal, superior na mulher relativamente ao homem, diferença que tem vindo a acentuar-se ao longo dos últimos anos.

Recursos económicos

No que respeita aos recursos económicos, os indicadores de pobreza monetária mostram que as mulheres estão mais vulneráveis à pobreza do que os homens. Mas a forma como o rendimento individual é calculado, a partir do rendimento familiar, suaviza as diferenças de rendimento existentes entre os membros da família e esconde situações de falta de autonomia da mulher dentro da família, o que se torna um fator crucial de empobrecimento no caso de dissolução familiar. Na UE-25 em 2005, a incidência da pobreza nas famílias monoparentais era de 33%, e 85% dessas famílias eram famílias monoparentais femininas.

Este facto tem implicações na forma como se deve ter em consideração a vulnerabilidade específica da mulher à pobreza. Em primeiro lugar, é necessário incorporar, nas análises da pobreza, a desigualdade económica que existe no seio da família. Isto significa que uma família pode ser considerada estatisticamente não-pobre e, mesmo assim, incluir membros que tenham condições de vida abaixo da norma (Daly, 1992).

Além de diferenças de *estatuto* económico (e diversas dimensões de poder económico dentro da família) relacionadas com a distribuição intrafamiliar do rendimento, existem diferenças de *comando* dos recursos económicos (seja no acesso ao rendimento, isto é, à sua obtenção, seja no controlo económico dos recursos, isto é, a utilização do rendimento).

Têm sido abundantes os estudos feitos sobre esta matéria, em particular para Portugal (Coelho, 2006). Mas existe outro desafio metodológico. A pobreza tem sido encarada como um fenómeno eminentemente estático. Porém, a vulnerabilidade à pobreza está fortemente ligada a eventos particulares com relevância para o ciclo de vida da mulher (casamento, maternidade, divórcio, viuvez, etc). Para ter em consideração estes eventos é necessária uma perspetiva dinâmica e a utilização de dados longitudinais, designadamente a investigação dos *"trigger events"* que afetam o ciclo de vida da mulher (relacionados com o mercado de trabalho, a demografia, a composição familiar, a saúde, etc) (Jenkins, Rigg & Devicienti, 2001).

Concluindo

Observando o indicador clássico da incidência da pobreza, e analisando a sua desagregação por homens e mulheres, constata-se um panorama geral de maior incidência entre as mulheres do que entre os homens. Pode afirmar-se, com base neste indicador, que as diferenças de género não são elevadas em Portugal. Atente-se, porém, como foi dito no início deste relatório, às limitações deste indicador para concluir sobre a diferença de incidência da pobreza entre géneros. No que respeita a Portugal, as dificuldades financeiras são muito mais acentuadas entre as mulheres que entre os homens. Mas o contraste entre estes dois indicadores conta-nos apenas uma parte das diferenças escondidas entre homens e mulheres no que respeita à pobreza.

Referências

- Atkinson, T., B. Cantillon, E. Marlier, B. Nolan (2002), *"Social Indicators. The EU and Social Inclusion"*. Oxford University Press.
- Atkinson, T., B. Cantillon, E. Marlier, B. Nolan (2005), *"Taking Forward the EU Social Inclusion Process"*. Report. Luxembourg.
- Bardasi, E., Gornick, J. (2007), *"Women´s part-time wage penalties across countries"*. LIS Working Paper nr. 467.
- Bastos, A., Casaca, S., Nunes, F., Pereirinha, J. (2009), *"Women and Poverty: A gender-sensitive approach."* The *Journal of Socio-Economics*, 38, 764-778.
- Bianchi, S., Casper, L., Petola, P. (1996), *"A cross-national look at married women´s economic dependency"*. LIS Working Paper nr. 143.
- Brady, D., Kall, D. (2007), *"Nearly universal, but somewhat distinct: The feminization of poverty in affluent Western democracies, 1969-2000"* Social Science Research.

- Cantillon, S, Nolan, B. (2001), *"Poverty within households: measuring gender differences using nonmonetary indicators"* Feminist Economics, 7(1):5-23.
- CIG (2010), *"II Relatório do Sistema Integrado de Informação e Conhecimento"*. Lisboa.
- COM (2006a), *"Portfolio of overarching indicators and streamlined social inclusion, pensions and health care portfolios"*. European Commission, Employment, Social Affairs and Equal Opportunities DG, Social Protection and Social Integratio. Social and demography analysis. Brussels, 7 June 2006.
- COM (2006b), *"Gender inequalities in the risks of poverty and social exclusion for disadvantaged groups in thirty European countries"*. Expert Group on Gender, Social Inclusion and Employment. European Commission, Employment, Social Affairs and Equal Opportunities DG, July 2006.
- COM (2006b), *"Communication from the Commission to the Council, the European Parliament, the European Economic and Social committee and the Committee of the Regions - A Roadmap for equality between women and men 2006-2010"*, COM(2006)92 final, Commission of the European Communities, Brussels.
- COM (2007), *"Report from the Commission to the Council, the European parliament, The European Economic and Social Committee and the Committee of the regions on Equality between women and men"*, COM(2007)49 final, Commission of the European Communities, Brussels.
- CIDM (2005), *"Estratégias Internacionais para a Igualdade de Género – A Plataforma de Ação de Pequim"* (1995-2005), Coleção Agenda Global, Nº 6, Lisboa, CIDM.
- Coelho, Lina (2006), *"A dependência económica das mulheres portuguesas que vivem em casal"*. Faculdade de Economia da Universidade de Economia. Oficina do CES nº 255
- Coelho, Lina (2010), *"Mulheres, Família e Desigualdade em Portugal"*. Tese de doutoramento em Economia, Faculdade de Economia da Universidade de Coimbra.
- Daly, M. (1992), *"Europe's poor women? Gender in research on poverty"*, European Sociological Review, Vol. 8 (1), pp.: 1-12.
- England, P. (1997), *"Dependência sexual dinheiro e dependência económica nos Estados Unidos da América"*. Revista Crítica de Ciências Sociais, nº 49. pp: 45-66.
- Ferrera, M. (1996), *"The southern model of welfare in social Europe"*. Journal of European Social Policy, 6, 1, pp. 17-37.
- Gornick, J.C. (2004) *"Women´s economic outcomes, gender inequality and public policy: findings from the Luxembourg Income Study"*. Socio-Economic Review, 2: 213-238.
- Hobson, B. (1990), *"No exit, no voice: women´s economic dependency and the Welfare State"*. Acta Sociologica, 33(3): 235-250.
- Iversen, V. (2003), *"Intra-household inequality: a challenge for the capability approach?"* Feminist Economics, 9(2-3): 93-115.
- Jenkins, S., Rigg, J.A., Devicienti, (2001), *"The Dynamics of Poverty in Britain."* Research Report Nº 157. Department of Work and Pensions with Institute for Social and Economic Research (ISER), Essex, UK.
- Maitre, B., Whelan, C., Nolan, B. (2003) *"Female partner´s income contribution to the household income in the European Union"*. EPAG Working Papers nr. 43.
- Misra, J., Budig, M., Moller, S. (2006), *"Reconciliation Policies and the Effects of Motherhood on Employment, Earnings and Poverty"*, LIS Working Paper nº 429.
- OECD (2006), *"Women and Men in OECD Countries"*, OECD.
- Pahl, J. (1983), *"The allocation of money and the structuring of inequality within marriage"*, Sociological Review, Vol. 31(2), pp: 237-262.
- Pearce, D. (1978), *"The feminization of poverty: women, work and welfare"*. Urban and Social Change Review, 11:28-36.
- Pereirinha, J. (2008), *"Poverty among women in the European Union: contribution to the discussion of a new*

set of social indicators". Paper presented at First ISA Forum of Sociology, Sociological Research and Public Debate, Barcelona, Spain, September 5 – 8, 2008.

- Pereirinha, J. Et al. (2008) *"Género e Pobreza: Impacto e Determinantes da Pobreza no Feminino."* CIG, Coleção Estudos de Género nº 4.
- Perista, H., Gomes, M. E., Silva, M. (1992), *"A Pobreza no Feminino na Cidade de Lisboa"*, CIDM.
- Petit, B., Hook, J. (2002) *"The structure of women's employment in comparative perspective"*, LIS working paper nr. 330.
- Robeyns, I. (2003), *"Sen´s capability approach and gender inequality: selecting relevant capabilities"*. *Feminist Economics*, 9(2-3):61-92.
- Sen, A. (1973), *"On economic inequality"*. Reprinted in 1997 by Clarendon Press, Oxford, UK.
- Sen, A. (1985), *"Commodities and Capabilities"*. Reprinted in 1999 by Oxford University Press, Delhi.
- Sorensen, A., McLanahan, S. (1987), *"Married women´s economic dependency, 1940-1980"*, *The American Journal of Sociology*, 93(3): 659-687.
- UN (2006), *"The world's women in 2005 – Progress in Statistics"*, New Work, Department of Economics and, Social Affairs of the United Nations.
- Vogler, C. e Pahl, J. (1994) *"Money, power and inequality within marriage"*, *Sociological Review, Vol.42(2)*, pp: 263-288.

Pobreza Infantil

Madalena Marçal Grilo
Diretora Executiva da UNICEF Portugal

Em vésperas da Cimeira que, em setembro último, reuniu em Nova Iorque os líderes mundiais para debater o que é ainda necessário fazer para concretizar os objetivos ambiciosos definidos no ano 2000 a fim de reduzir a pobreza, a fome e a doença no mundo, o Diretor Executivo da UNICEF, Anthony Lake, lançou dois importantes estudos que defendiam que os Objetivos de Desenvolvimento do Milénio (ODM) para as crianças podem ser atingidos mais rapidamente se o enfoque for colocado nos mais desfavorecidos.

"Diminuir as disparidades para atingir os Objetivos de Desenvolvimento do Milénio" e "Progressos para as Crianças: alcançar os ODM com equidade", assim se intitulam os dois estudos com a assinatura da UNICEF, concluíam que a comunidade internacional pode salvar milhões de vidas investindo prioritariamente nas crianças e nas comunidades mais desfavorecidas. Uma abordagem com estas caracterísiticas contribuiria também para colmatar disparidades crescentes que acompanham os progressos na realização dos ODM.

Graças aos esforços internacionais, nas últimas duas décadas registaram-se progressos notáveis em muitas áreas: o número de crianças que morre diariamente antes de completar cinco anos de idade diminuiu de 34.000 para 24.000; perto de 1,8 mil milhões de pessoas passaram a ter acesso a fontes de água potável melhoradas; o número de crianças que frequenta o ensino primário é o maior de sempre; as mortes devidas à SIDA baixaram pelo quinto ano consecutivo.

Muitas vidas foram salvas, e muito foi conseguido, porém sabemos que é preciso fazer muito mais nos próximos cinco anos, pois os progressos têm sido desiguais não apenas entre regiões, entre países, mas também no seio dos próprios países. Em muitos destes a descida das taxas médias de mortalidade infantil esconde desigualdades que têm vindo a acentuar-se.

Por exemplo, apesar de se terem registado avanços muito significativos em matéria de sobrevivência em vários países da África Subsariana entre 1990 e 2008, as disparidades nas taxas de mortalidade infantil entre esta região e todas as outras está a crescer. Em 1990, a probabilidade de uma criança nascida na África Subsariana morrer antes dos cinco anos era 1.5 vezes mais elevada do que no sul da Ásia, e 3.5 vezes mais elevada do que na América Latina. Em 2008, a diferença aumentou substancialmente para 1.9 e 6.3 respetivamente.

A UNICEF analisou recentemente as tendências subnacionais em 26 países em que taxa de mortalidade de crianças menores de cinco anos dimimuiu 10 por cento ou mais desde 1990. Em 18 desses países, o fosso entre as taxas de mortalidade das crianças pertencentes aos 20 por cento das famílias mais ricas e as dos 20 por cento mais pobres cresceu ou manteve-se sem alteração. E em 10 desses 18 países, o fosso aumentou, no mínimo, 10 por cento.

Comparando com os seus pares mais ricos, as crianças mais pobres no mundo em desenvolvimento correm o dobro do risco de morrer antes dos cinco anos. Os números também não são diferentes no que diz respeito a atrasos de crescimento, prevalência de baixo peso e ausência de registo de nascimento.

Pobreza, género e localização geográfica têm ainda uma enorme influência nas hipóteses de sobrevivência e desenvolvimento de uma criança. Determinam muitas vezes se ela é registada à nascença, se sobrevive nos primeiros anos de vida, se tem acesso a cuidados de saúde primários que são cruciais, ou se frequenta a escola.

As crianças vulneráveis são, na maior parte dos casos, as menos visíveis. As que são órfãs ou deficientes, as crianças que vivem em bairros de lata ou que pertencem a minorias étnicas, as que são forçadas ao trabalho infantil, ao tráfico e outras formas de exploração enfrentam riscos acrescidos por falta de proteção, liberdade e perda de identidade.

Em todos os países em desenvolvimento, a mortalidade infantil é significativamente mais elevada nos agregados familiares de menores rendimentos. Para as crianças filhas dos 20 por cento mais pobres das suas sociedades, a probabilidade de falta de acesso a serviços de saúde essenciais, a água potável e saneamento básico ou ao ensino primário e secundário é também muito maior do que a das famílias mais ricas.

Apesar dos avanços conseguidos na última década relativamente à paridade de género no ensino primário, em alguns países em desenvolvimento as raparigas e as mulheres jovens continuam a estar em clara desvantagem no acesso à educação, especialmente ao nível secundário.

As raparigas com um acesso limitado à educação tendem a casar mais cedo, antes dos 18 anos, mesmo em países onde o casamento na infância não é comum. Por outro lado, as raparigas que não têm acesso ao nível secundário e casam cedo estão menos preparadas para se protegerem do VIH e da SIDA.

O estudo da UNICEF conclui que para a concretização dos Objetivos de Desenvolvimento do Milénio uma abordagem centrada na equidade não é apenas correta no plano dos princípios mas também na prática. As doenças contagiosas, por exemplo, nunca serão eliminadas enquanto algumas crianças ficarem de fora das redes de proteção. A maior parte das mortes infantis ocorrem nas comunidades mais carenciadas, por isso a redução significativa da mortalidade infantil depende dos investimentos nessas comunidades. O ensino primário universal não pode ser atingido sem que a escolaridade seja alargada aos que atualmente são excluídos, as crianças mais pobres e marginalizadas. A discriminação, a violência e as desvantagens, que marcam a realidade diária de milhões de crianças, só acabarão com medidas e investimentos que respondam às desigualdades que enfrentam.

As garantias dos direitos consagrados na Convenção sobre os Direitos da Criança não dependem do estatuto ou género da criança. São compromissos devidos a todas as crianças igualmente. Dar prioridades às comunidades mais pobres e marginalizadas, centrando esforços e investimentos na resposta às necessidades urgentes dos mais carenciados, é, pois, essencial.

O acesso a serviços básicos pode ser equitativo, defende a UNICEF. O mundo dispõe dos recursos e conhecimentos necessários para melhorar as condições de vida para todo as crianças.
Mesmo os países mais pobres podem ser capacitados para atingirem os ODM.

De facto, uma abordagem centrada na equidade está no cerne da história e da missão da UNICEF – em todo o trabalho da organização, as crianças mais desfavorecidas e os países com maiores necessidades têm prioridade. Porém, este trabalho só é possível com o apoio continuado dos decisores políticos, do público, da sociedade civil e dos muitos doadores cujo trabalho tem ajudado milhões de crianças de todo o mundo.

Biografia dos Autores

Biografia dos Autores

Ahmed Djoghlaf
Secretário Executivo da Convenção sobre a Biodiversidade

De nacionalidade argelina, o Dr. Djoghlaf prosseguiu uma carreira diplomática notável que incluiu o desempenho de funções no Governo argelino e no Programa das Nações Unidas para o Meio Ambiente (PNUMA).
Foi Vice-Presidente da 11ª Sessão do Comité Intergovernamental da Ciência e Tecnologia para o Desenvolvimento e Vice-Presidente do Comité de Negociação da Convenção-Quadro das Nações Unidas sobre as Alterações Climáticas e, ainda, Presidente de um dos dois comités de negociação da Convenção das Nações Unidas de Combate à Desertificação.
Assumiu a posição de Secretário Executivo da Convenção Sobre a Diversidade Biológica (CDB) a 3 de janeiro de 2006. Antes de ingressar nas Nações Unidas, o Dr. Djoghlaf ocupou cargos de relevo no Ministério dos Negócios Estrangeiros argelino. Foi consultor para os assuntos ambientais do Primeiro-Ministro argelino e, antes disso, de três Ministros dos Negócios Estrangeiros da Argélia.

É titular de Doutoramento pela Universidade de Nancy, em França, bem como de outros quatro cursos de pós-graduação, nomeadamente o Mestrado em Governo e Política pela Universidade St. John's, em Nova Iorque, e uma licenciatura em Direito, pela Universidade de Algiers.

Andrea Cristina Fonseca
Chefe de Gabinete da Secretaria Nacional de Economia Solidária/MTE

Formada em Licenciatura Plena em Pedagogia, Curso de Formação de Governantes – Associação Brasileira de Formação de Governantes – Escola de Governo, Participação como Aluna Pesquisadora do Projeto de Pesquisa "O Direito por Educação Básica – Estudo da Demanda Social e do Atendimento Público em uma Micro-Região Urbana", Professora de Educação Infantil e Ensino Fundamental da Rede Pública Municipal de Santo André, Chefe de Gabinete da Secretaria Nacional de Economia Solidária/MTE.

Charles Buchanan
Administrador da Fundação Luso-Americana para o Desenvolvimento em Lisboa

Annapolis, Maryland, EUA. Licenciatura em Engenharia - U.S. Naval Academy of Annapolis. Mestrado em Relações Internacionais - Universidade de John Hopkins, School for Advanced International Studies, Washington, D.C. Mestrado em Administração de Empresas - Massachussets Institute of Technology (Sloan School of Management), com Fellowship do Departamento de Estado norte-americano.

Administrador da Fundação Luso-Americana desde 1988, responsável pelas áreas da Ciência e Tecnologia e do Ambiente, pelos programas de Cooperação Tripartida com a Europa e o Mediterrâneo.

Após o serviço militar na marinha entra no serviço diplomático, tendo estado durante 24 anos no serviço diplomático do Departamento de Estado norte-americano (responsável pela gestão dos Programas de Cooperação Económica na Argentina, Brasil, Peru, América Central e Portugal):

- Buenos Aires, Argentina, como diretor de programas económicos da região Sul (1963-67);
- Peru, como diretor de programas de investimentos (1967-69);
- Rio de Janeiro, Brasil, como diretor de programas económicos (1969-72);
- Guatemala como diretor de programas regionais da América Central (1973-75);
- Lisboa, como diretor de programas económicos da A.I.D. (1976-84);
- Washington, DC, como diretor do Gabinete de Políticas de Desenvolvimento Empresarial para África na AID.
- Recebeu do governo americano a condecoração A.I.D. Meritorious Honor Award e, do Estado Português, a Medalha da Ordem do Infante D. Henrique.

Edmundo Martinho
Presidente do Conselho Diretivo do Instituto da Segurança Social, IP. Coordenador Nacional do Ano Europeu do Combate à Pobreza e à Exclusão Social.

Edmundo Martinho, licenciado em Serviço Social pelo Instituto Superior de Serviço Social de Lisboa. Pós-graduação em Gestão de Projetos. É Presidente do Conselho Diretivo do Instituto da Segurança Social, I.P. e Presidente do Conselho Nacional da Segurança Social.

Em 2009 foi designado Coordenador Nacional do Ano Europeu de Combate à Pobreza e à Exclusão Social 2010 e é o representante de Portugal no Comité Consultivo Europeu para o Ano Europeu de Combate à Pobreza e à Exclusão Social. É Vice-Presidente do Conselho Geral do ISCTE – IUL e Embaixador da Bolsa de Valores Sociais. Representante do Ministério do Trabalho e da Solidariedade Social como Conselheiro no Conselho Económico e Social (CES).

Francisco Ferreira
Professor Universitário na Faculdade de Ciências e Tecnologia da Universidade Nova de Lisboa

Francisco Cardoso Ferreira tem 43 anos é natural de Setúbal e reside em Palmela. É Professor Auxiliar da Faculdade de Ciências e Tecnologia da Universidade Nova de Lisboa desde fevereiro de 1998. Leciona as disciplinas de Estatística Ambiental e Tecnologias de Informação Geográfica, Poluição e Gestão do Ar e Poluição Acústica e Monitorização de Sistemas Ambientais do Mestrado Integrado em Engenharia do Ambiente.
É Membro da Comissão Executiva do Departamento de Ciências e Engenharia do Ambiente dessa mesma Faculdade desde setembro de 2009.

Tem coordenado ou participado em projetos de investigação no domínio das alterações climáticas, avaliação da qualidade do ar, água para consumo humano e resíduos.

É autor de mais de uma centena de artigos científicos e em publicações técnicas e de divulgação. Foi Presidente da Quercus de 1996 a 2001, sendo membro da Direção Nacional desde Março de 2001, tendo assumido o cargo de Vice-Presidente em março de 2007. Na Quercus coordena as áreas das alterações climáticas e energia.

Francisco é também autor e apresentador do programa diário de televisão "Minuto Verde" na RTP1 no "Bom Dia Portugal" desde março de 2006 e de rádio na Antena Um/RTP do programa diário "1 Minuto pela Terra" desde setembro de 2007. Foi Membro do Conselho Nacional de Ambiente e Desenvolvimento Sustentável entre maio de 2001 e setembro de 2004, é Membro do Conselho Nacional da Água desde outubro de 1996.

Francisco Ferreira licenciou-se em Engenharia do Ambiente na Faculdade de Ciências e Tecnologia da Universidade Nova de Lisboa (FCT/UNL) em 1989, efetuou o Mestrado em Virginia Tech, EUA e concluiu o doutoramento na FCT/UNL em 1998.

Francisco Mendes Palma
Diretor do Espírito Santo Research e Administrador do Banco Espírito Santo Cabo Verde, SA

Licenciado em Economia pela Universidade Católica Portuguesa, possui Mestrado em Economia pelo Colégio da Europa, Bélgica.
Diretor do Espírito Santo Research e Administrador do Banco Espírito Santo Cabo Verde, SA. Foi docente na Universidade Católica Portuguesa, assessor no Ministério dos Negócios Estrangeiros e na Entidade Reguladora dos Serviços Energéticos, além de consultor em empresas, projetos e estudos ligados a áreas temáticas da economia industrial, da regulação e concorrência, da energia e da inovação. Tem participado em conferências e debates, assim como em artigos e livros, nacionais e internacionais, sobre atividade económica e setorial, energia, internacionalização económica, economia industrial, inovação e sustentabilidade. Coordenou o livro "Ganhar com a Biodiversidade. Oportunidades de Negócio em Portugal.".

Hardy Jones
Diretor Executivo do Projeto BlueVoice.org

Hardy Jones é jornalista há 35 anos e colabora com a CBS News, a PBS e muitas outras estações de televisão. Foi-lhe atribuído o prémio *Conservation Filmmaker of the Year*, recebeu um *Genesis Award*, foi galardoado com um Lifetime Achievement Award pelo International Wildlife Film Festival e foi, ainda, agraciado com um Prémio Especial do Júri pelo Explorers Club. Os seus 30 anos de trabalho no Japão, para acabar com a matança de golfinhos, resultaram no salvamento de incontáveis exemplares desta espécie. É membro do Ocean Council da organização Oceana e também diretor executivo do projeto BlueVoice.org. O tema central do seu mais recente trabalho é a contaminação do ambiente marinho e o impacto nos mamíferos marinhos.

José António Pereirinha
Professor Catedrático do ISEG/Universidade Técnica de Lisboa

Nascido em 1951, em Lisboa, fez os estudos secundários no Liceu Passos Manuel e no Liceu Padre António Vieira, em Lisboa. Concluiu a licenciatura em Economia em 1973, no Instituto Superior de Economia (atual ISEG) da Universidade Técnica de Lisboa. Obteve, em 1988, o grau académico de Doctor of Philosophy in Development Studies no Institute of Social Studies, em Haia (Holanda), reconhecido como grau de doutor pela Universidade Técnica de Lisboa. Obteve, em 1995, o título de Agregado em Economia pela Universidade Técnica de Lisboa.

É Professor Catedrático do Departamento de Economia do Instituto Superior de Economia e Gestão (ISEG) da Universidade Técnica de Lisboa (UTL).

É atualmente Vice-Presidente do ISEG/UTL. Foi Presidente do Conselho Científico e Presidente do Departamento de Economia do ISEG/UTL e Presidente do Centro de Investigação sobre Economia Portuguesa (CISEP), no ISEG/UTL. Exerce atualmente funções de Presidente do Conselho Consultivo do Instituto de Segurança Social, I.P. É investigador do Gabinete de História Económica e Social do ISEG/UTL.

Exerceu funções técnicas como economista no Ministério do Trabalho (Gabinete de Estudos e Planeamento) e no Ministério das Finanças e do Plano (Departamento Central de Planeamento, atual Departamento de Planeamento e Prospetiva, onde foi Chefe de Divisão). É professor universitário em exclusividade desde 1990. Tem lecionado disciplinas de licenciatura e de mestrado, nas áreas da teoria económica e da política económica e social. É atualmente o coordenador do programa de doutoramento em Estudos de Desenvolvimento/Development Studies, no ISEG. Coordena a unidade curricular Fundamentos da Política Social, do 2º ciclo (mestrado de Análise de Política Social) do ISEG/UTL. Foi durante vários anos o coordenador do Mestrado em Economia e Política Social, no ISEG/UTL, tendo orientado várias dissertações de mestrado e teses de doutoramento nas áreas da distribuição do rendimento, desigualdades sociais, pobreza e exclusão social, segurança social e análise de políticas sociais. Foi o representante português no Observatório Europeu das Políticas Nacionais de Combate à Exclusão Social (Comissão das Comunidades Europeias, DG V).

Tem feito investigação, coordenado equipas de investigação e publicado nas áreas da análise das políticas sociais, desigualdades do rendimento, pobreza e exclusão social. Nos anos mais recentes tem trabalhado na investigação nos seguintes domínios: história do Estado-providência em Portugal, problemática do envelhecimento e segurança social, pobreza numa perspetiva de género, indicadores sociais, política social numa perspetiva de análise comparativa.

Biografia dos Autores 131

Luís Miguel Ribeiro Rosa
Economista do Departamento de Research do Banco Espírito Santo

Licenciado em Economia pela Universidade Católica Portuguesa, concluiu a parte escolar do Mestrado em Economia Agrícola da Universidade Nova de Lisboa e do Programa de Doutoramento da University College London. Lecionou nos programas de Licenciatura em Economia da Universidade Nova de Lisboa e da Universidade Independente, nomeadamente no âmbito da Economia do Ambiente e dos Recursos Naturais. Desenvolveu diversas colaborações com instituições financeiras na área da consultoria e da análise e gestão de risco.
Atualmente é economista do departamento de Research do Banco Espírito Santo, onde tem participado em diferentes trabalhos de investigação e publicações na área do ambiente e da sustentabilidade.
Coautor do livro "Ganhar com a Biodiversidade. Oportunidades de Negócio em Portugal.".

Madalena Marçal Grilo
Diretora Executiva da UNICEF Portugal

Em meados dos anos 80, começou a trabalhar como voluntária no Comité Português para a UNICEF como membro da Direção e como Responsável pelo setor de Informação e Relações Exteriores, tendo passado a integrar o quadro de funcionários do Comité alguns anos mais tarde. No âmbito de um processo de restruturação, o Comité Português criou o cargo de Diretor Executivo para o qual foi nomeada em Julho de 2001.

Ao longo dos anos em que tem trabalhado para a UNICEF participou em diversas reuniões e encontros realizados em Portugal. Representou o Comité Nacional em diversas reuniões internacionais da UNICEF, e integrou a Delegação Portuguesa ao Conselho de Administração e, mais recentemente, às reuniões preparatórias da Sessão Extraordinária da Assembleia Geral das Nações Unidas dedicada às Crianças, em Nova Iorque. Foi membro da Comissão Nacional para os Direitos das Crianças, que elaborou o segundo relatório de Portugal sobre a aplicação da Convenção sobre os Direitos da Criança.

No âmbito das suas atribuições, teve a oportunidade de contactar com as atividades da UNICEF no terreno, nomeadamente em Moçambique, Costa do Marfim, Marrocos, Vietname, Ucrânia e Tailândia.

Mafalda Troncho
Diretora da OIT - Lisboa

Mafalda Cristina Mata de Oliveira Troncho, 37 anos, licenciada em Gestão de Empresas pela Universidade de Évora, Mestre em Ciências do Trabalho pelo ISCTE, Diretora da OIT-Lisboa desde 15 de junho de 2009.

Anteriormente, desempenhou funções na Escola Profissional da Região Alentejo, na Fundação Alentejo, no Instituto da Segurança Social e na OIT-Lisboa.

Foi Deputada à Assembleia da República nas VII e VIII Legislaturas e Membro da Assembleia Parlamentar do Conselho da Europa entre Janeiro de 2000 e Abril de 2002.

Michael Hopkins
Presidente do Conselho de Administração da MHC International Ltd.

Michael Hopkins é Presidente do Conselho de Administração da MHC International Ltd. (MHCi: Londres, Washington e Genebra), uma empresa de investigação e consultoria de Responsabilidade Social Empresarial e Mercados de Trabalho. É doutorado em Economia do Trabalho pela Universidade de Genebra e Professor de Investigação Empresarial e Social na Universidade de Middlesex, em Londres, no Reino Unido.

No mundo empresarial, já trabalhou e prestou consultoria em RSE Estratégica no Banco Mundial, no PNUD, na Glaxo-Wellcome, na BT, na BAT, na BP, na Nestlé, na Manpower, na O2, na SGS, na Addax Petroleum, na Cargill, entre outras empresas. É presentemente Fundador e Diretor de Programas Executivos de RSE na Universidade de Genebra, na Suíça, que tiveram início em 2007 (www.corporateresponsibility.ch); é Fundador e Diretor de programas de inscrição aberta de RSE na Universidade George Mason, na Virgínia (EUA) (http://som.gmu.edu/ExecutiveEducation/OpenEnrollment/CSR); lidera o Jewellery Ethical Trading System (JETS) cujo objetivo, entre outros, é reduzir a dependência dos diamantes de sangue; iniciou, em conjunto com Sheikha Mouzah, o projeto Qatar Youth Employment, avaliado em 100 milhões de dólares; é o Consultor Principal do programa de cidadania empresarial da Câmara de Comércio Norte-Americana; é o revisor dos cursos em linha de RSE do Banco Mundial; é membro do Conselho Consultivo do US Center for Citizen Diplomacy; é o Consultor Principal de Sustentabilidade da ONG chinesa Women In Sustainability Action; e a sua empresa tem *joint ventures* para desenvolver atividades de RSE na África Ocidental (Nigéria), Paquistão e África Oriental (Maurícias).

Antes de colaborar a tempo inteiro com a MHCi, Michael Hopkins trabalhou na sede da ITT em Londres, foi Investigador Associado no IDS (Institute of Development Studies) na Universidade de Sussex (Reino Unido) e Economista Principal na sede da Organização Internacional do Trabalho (OIT) em Genebra, onde introduziu a estratégia de desenvolvimento baseada nas "necessidades básicas" no World Employment Report, e foi Secretário do Painel de Economistas de todas as agências das Nações Unidas. Durante o tempo que permaneceu na OIT, foi Professor Convidado de Economia do Trabalho na

Universidade do Valle e na Uniandes, ambas na Colômbia, e foi Economista-Chefe das Antilhas Holandesas, tendo sido o responsável pelo plano económico que foi percursor do vibrante mercado turístico, atualmente existente em Curaçau.

Trabalhou, também, no desenvolvimento e avaliação de recursos humanos e em questões ligadas ao mercado de trabalho em mais de 120 países de todo o mundo, tais como Colômbia, Brasil, Egito, Jordânia, Catar, África do Sul, Malásia, China, Filipinas, Vietname, Portugal e Azerbeijão. É autor de uma vasta obra, que inclui 13 livros e mais de 120 artigos – os seus livros mais recentes sobre RSE intitulam-se "The Planetary Bargain: CSR Matters" (Earthscan, 2003) e "CSR and International Development" (Earthscan, 2007). No seu próximo livro sobre RSE Estratégica, a ser publicado em 2010, o autor alarga o conceito de "responsabilidade empresarial" a todos os "atores", públicos e privados.

Rita Almeida Dias
Partner da Sustentare

Rita Almeida Dias é sócia-fundadora da Sustentare Lda., empresa de consultoria em gestão sustentável. Ao longo dos últimos 7 anos tem tido oportunidade de trabalhar com empresas do setor das telecomunicações, distribuição, construção e promoção imobiliária a incorporarem a sustentabilidade na estratégia da empresa e nas suas operações. Tem se vindo a especializar nas seguintes áreas: ética empresarial, estratégia de sustentabilidade, envolvimento com stakeholders, produção e consumo sustentável, *reporting*.

A nível académico é aluna do programa de doutoramento em sociologia económica do ISEG, com uma tese na área da ética empresarial. Possui um master em responsabilidade corporativa, contabilidade e auditoria social pela Universidade de Barcelona. Tem ainda uma pós graduação em gestão pelo Instituto Superior de Gestão, que realizou depois de uma licenciatura em ciência da comunicação pela Universidade Nova de Lisboa.
Ao longo da atividade de docência que tem exercido foi responsável, no Mestrado Executivo de Sustentabilidade Empresarial, Negócios e Ambiente, do INDEG - Instituto para o Desenvolvimento da Gestão Empresarial do ISCTE, pela cadeira "Diálogo com os Stakeholders". Em 2006 e 2007 foi docente da cadeira de "Implementação de Estratégia de Sustentabilidade" na Pós Graduação de Gestão e Desenvolvimento Sustentável na Universidade Católica do Porto. Exerceu ainda a docência da cadeira de *Marketing* para Organizações Não Lucrativas, no Instituto Superior de Serviço Social, em Lisboa. Atualmente leciona a cadeira de ética empresarial numa pós graduação e num mestrado do ISEG.

É auditora da norma Social Accountability 8000 International Standard (SA8000), e possui o curso de certificação ambiental de edifícios BREEAM e Lidera. Realizou ainda o curso de AA 1000 certificado pela AccountAbility.

É co-organizadora e autora do livro "Sustentabilidade, Competitividade e Equidade Ambiental & Social", editado pela Almedina.

Roberto Marinho Alves da Silva
Diretor do Departamento de Fomento à Economia Solidária da Secretaria Nacional de Economia Solidária no Ministério do Trabalho e Emprego no Brasil

Graduado em Filosofia Licenciatura Plena, mestre em Ciência Política e doutor em Desenvolvimento Sustentável (2006), é professor da Universidade Federal do Rio Grande do Norte. Atualmente exerce a função de Diretor do Departamento de Fomento à Economia Solidária da Secretaria Nacional de Economia Solidária no Ministério do Trabalho e Emprego no Brasil.

Sofia Santos
Economista e Partner da Sustentare

Sócia fundadora Sustentare, uma empresa de consultoria dedicada exclusivamente à sustentabilidade empresarial que iniciou atividade em Portugal em 2004. Em Portugal exerceu funções em ONGs, agências de notícias e no Instituto Nacional de Estatística. Foi também responsável pela área económica e de sustentabilidade da Associação Portuguesa da Pasta e do Papel. Entre 1997 e 2000 exerceu funções como Research Assistant no banco Americano Merrill Lynch em Londres.

A nível académico é licenciada em Economia pelo ISEG e possui um mestrado em Economia pela Universidade de Londres. Atualmente é candidata a Doutoramento na Universidade de Middlesex em Londres, cuja tese de dedica ao estudo de como os bancos podem contribuir para o bem-estar ambiental. Em 2009 passou a ser professora convidada no ISCTE, lecionando a cadeira de "Sustentabilidade" no primeiro ano do MBA internacional entre outras. Em 2007 foi autora da publicação "Banca e Seguros, Ambiente e Sociedade".

Viriato Soromenho-Marques
Coordenador Científico do Programa Gulbenkian Ambiente

José Viriato Soromenho-Marques nasceu em Setúbal, a 9 de dezembro de 1957. Licenciado em Filosofia pela Universidade de Lisboa (1979). Grau de mestre em Filosofia Contemporânea pela Universidade Nova de Lisboa, obtido com a defesa de uma tese sobre A caracterização trágica do niilismo em Nietzsche (1985). Doutorado em Filosofia pela Universidade de Lisboa com a defesa de uma tese subordinada ao título Razão e progresso na filosofia de Kant.(1991).

É professor catedrático de Filosofia Universidade de Lisboa, Coordenador científico do Programa Gulbenkian Ambiente, Conselheiro do Presidente da Comissão Europeia para a Energia e Alterações Climáticas, Membro da Academia de Ciências de Lisboa. É autor de mais de três centenas de publicações.